LE

Livre de Raison des Goyard

BOURGEOIS-AGRICULTEURS DE BERT

— 1611-1780 —

Publié avec des Remarques et des Notes

PAR

Roger de QUIRIELLE

Président de la Société d'Emulation et des Beaux-Arts du Bourbonnais.

MOULINS

H. DUROND, LIBRAIRE-ÉDITEUR

L. GRÉGOIRE, SUCCESSEUR

Rue François-Péron, 2

1899

CURIOSITÉS BOURBONNAISES

LE

Livre de Raison des Goyard

BOURGEOIS-AGRICULTEURS DE BERT

— 1611-1780 —

Publié avec des Remarques et des Notes

PAR

Roger de QUIRIELLE

Président de la Société d'Émulation et des Beaux-Arts du Bourbonnais.

MOULINS

H. DUROND, LIBRAIRE-ÉDITEUR

L. GRÉGOIRE, SUCCESSEUR

Rue François-Péron, 2

—

1899

Le Livre de Raison des Goyard

BOURGEOIS-AGRICULTEURS DE BERT

— 1611-1780 —

••••••••••••

On sait que ce joli titre, si expressif, de « livre de raison », désigne le mémorial domestique qui recevait, de la main du père ou du chef de famille d'autrefois, l'inscription journalière des faits, petits et grands, concernant *la maison*. Le digne raisonneur y notait, avant tout, le *mouvement* de sa parenté, de sa lignée, par l'inscription attentive des mariages, naissances et décès. Ses comptes de gestion, les notes justificatives de son administration, — j'allais dire, de son gouvernement, — n'étaient point oubliés; et il y ajoutait, souvent, des observations, des remarques, des relations d'événements divers, qui, parfois, élargissent singulièrement, la portée de son témoignage.

Est-il besoin d'insister sur l'intérêt que présentent

ces carnets du foyer? Dépositaires des plus secrètes pensées de leurs annotateurs, confidents du labeur, des soucis et des joies de ces braves scribes, ils sont des évocateurs émouvants de la psychologie des ancêtres.

En feuilletant leurs pages vénérables, on suit, pas à pas, la marche de la famille ancienne, observant son développement, sa discipline, ses travaux, ses idées et sa morale. Par mille traits colorés, pittoresques, infiniment suggestifs, ils nous montrent, à nue, l'âme de nos pères.

Et, j'ajouterai, — circonstance intéressante, — que bon nombre de ces mémoires individuels proviennent de *petites gens*, obscurs ruraux, ou modestes bourgeois. C'est l'âme populaire qu'ils évoquent.

Jusqu'ici, notre Bourbonnais était en retard, parmi les provinces qui ont vu leur intime passé surgir de cette source merveilleuse d'information.

Cependant, depuis plus de dix ans, les Archives départementales de l'Allier possèdent les cahiers, fort instructifs, d'une série de raisonneurs bourbonnais, qui, de père en fils, pendant plus d'un siècle et demi, inscrivirent, attentivement, leurs notes de famille (1).

Ces mémoriaux eurent pour rédacteurs, les Goyard,

(1) Le hasard m'a mêlé à la découverte de ces intéressants papiers, que possédèrent, en dernier lieu, les Lomet, d'une vieille famille moulinoise, alliée aux Goyard, de qui ils les tenaient. Un jour, ces précieux cahiers échouèrent sur la place publique

à l'origine, bourgeois-agriculteurs de la paroisse de Bert (1), dont les notes familiales débutent en 1611, pour se poursuivre, jusqu'en 1780, sauf une lacune des mémoires originaux, de 1713 à 1763.

Ces notes, — on en jugera bientôt, — présentent un intérêt considérable, aussi bien par leur continuité, que par les relations et remarques piquantes qui les émaillent. Elles permettent de vivre, pour ainsi dire, dans l'intimité quotidienne d'une famille rurale, pendant plus d'un siècle, et d'observer, avec précision, ses habitudes, ses travaux, sa discipline.

J'ajouterai que ces édifiants mémoriaux concernent, en dehors de leurs auteurs principaux, les Goyard, plusieurs familles bourbonnaises, dont on retrouvera les noms, avec intérêt, tels que les Fongarnand, les Dorat, les Jacquet, les Debard, les Gayot, les Landois, les Allex, les Aladane, les Lomet, les Deruisseaux, les Berroyer, les Vichy (de la Bêche), etc.

J'ai eu, déjà, l'occasion de signaler le journal des Goyard, dans une conférence faite à l'Hôtel de Ville de Moulins. Mais, sur un tel sujet, les commentaires oraux sont insuffisants. Il faut avoir les documents eux-mêmes sous les yeux. « Les paroles volent, dit excellemment le proverbe, mais les écrits restent. »

de Moulins. Vendus aux enchères, ils furent achetés par M. Vayssière, alors archiviste de l'Allier.

(1) Bert, chef-lieu d'une commune du canton du Donjon, arrondissement de La Palisse.

Et les écrits de nos vieux raisonneurs méritent, entre tous, de rester.

Ces écrits sont contenus dans quatre cahiers : 1° cahier de Blaise Goyard, continué par son fils, son petit-fils et son arrière-petit-fils, Philibert, François et Joseph, et clos par quelques notes d'un Claude Gayot, qui avait épousé la veuve de Joseph Goyard, — 1611-1713 ; 2° cahier de Jacques Goyard, fils de Joseph, — 1734-1763 ; 3° deux cahiers de Jean-Joseph Goyard, fils de Jacques, dont les inscriptions, où dominent des récapitulations généalogiques, furent, sans doute, rédigées, à partir de 1763.

De tous ces mémoriaux, le premier, celui de Blaise Goyard et de ses trois successeurs immédiats est, de beaucoup, le plus important. On peut même dire qu'il est, à lui seul, le livre de raison des Goyard, les cahiers postérieurs ne contenant guère que des inscriptions relatives au *mouvement* de la famille. D'ailleurs, la longue période qu'il embrasse, le nombre, la variété et le pittoresque de ses notes, lui donnent un intérêt exceptionnel.

La reproduction littérale et soigneusement annotée de ce livre de raison, va permettre, mieux que tous les commentaires, d'en apprécier les curieuses et fort instructives informations.

J'ajouterai, enfin, que ce livre se composant, en réalité, d'une série de carnets individuels, j'ai attribué, à chacun de ceux-ci, un chapitre particulier, que je fais précéder d'une notice donnant, brièvement, la physionomie du *raisonneur* dont les remarques suivent.

J'ai pensé qu'une telle division, qui, d'ailleurs, n'altère en rien l'intégrité du texte, procurerait de l'air, de la lumière et des haltes reposantes, au défilé de ces notes journalières.

BLAISE GOYARD

Dans la paroisse de Barrais (1) se trouve un lieu habité, connu sous le nom des Goyards ; peut-être, est-ce là qu'il faut chercher le berceau de cette inté·ressante famille d'annotateurs.

Quoi qu'il en soit, Blaise Goyard, le premier journaliste de la famille, était né à Bert le 4 juillet 1568. Il inaugura son registre, en 1611, par l'inscription de la naissance de son fils « Phellibert » qui fut baptisé dans l'église de ce village.

Alors, notre écrivain paraît être chef de sa maison, ayant perdu son père, Gilbert Goyard, et sa mère, Antoinette Fongarnand (2), dont les noms nous

(1) Barrais, chef-lieu de la commune de Barrais-Bussolles, canton de La Palisse. Cette commune est limitrophe de celle de Bert.

(2) Famille encore représentée au Donjon.

nt é'é conservés par les notes de l'un de ses descen-
lants (1).

Blaise, propriétaire à Bert, était, en outre, pro-
ureur d'office en la châtellenie de Chaveroche (2).
De plus, Benoîte Allex (3), sa femme, appartenait,
lle-même, à un milieu quelque peu sorti du commun, si nous en jugeons par ce fait que son frère,
Blaise Allex, était avocat à Moulins, ayant été reçu
n cette qualité « pardevant messieurs les présidiaux,
Mr Dobeil (4) etant président (5) » (1617). Il est
rai qu'en même temps, un autre Allex, vraisembla-
olement le frère de l'avocat, était tanneur et cor-
donnier à Trezelles (cantor. de Jaligny.)

Ce mélange curieux de professions libérales et
de métiers manuels, pratiqué, ainsi, simultanément,
par les membres d'une même famille, est un trait
caractéristique de la méthode d'existence de nos vieux
ruraux.

Les parents, patriarches prolifiques et avisés, s'ap-
pliquaient à mettre, au plus vite, leurs enfants, en
état d'alléger les charges du groupe, généralement
mieux pourvu en bonne volonté qu'en argent.

Les ressources matérielles ou intellectuelles du lieu
d'habitation, l'influence, l'emploi, le métier de parents

---

(1) Notes de Jacques Goyard.
(2) Ibid.
(3) Famille originaire de Chaveroche, aujourd'hui chef-lieu
d'une commune du canton de Jaligny.
(4) D'Obeilh, d'une famille marquante, originaire de Bussolles.
(5) *Notes et remarques* de Blaise Goyard.

ou de voisins, étaient mis à profit avec un égal empressement, et judicieusement utilisés, selon les dispositions, l'état physique, et les facultés morales des jeunes postulants.

Cependant, l'aîné des garçons, successeur désigné, et continuateur, accepté par tous, du père ou de l'aïeul, ne quittait pas le foyer. Par droit de naissance, il avait sa situation faite. Mais il s'agissait de « caser » ses frères, et de les mettre en situation de se suffire à eux-mêmes.

Celui-ci montrait-il une intelligence plus vive et, peut-être, était-il, en outre, peu vigoureux, peu apte à un état manuel ? Son éducation classique était, alors, poussée plus avant, pour lui permettre, un jour, d'acheter quelque petite charge. En même temps, ses frères acceptaient fort bien d'être cultivateurs ou apprentis, chez un artisan quelconque, sans qu'il leur vînt jamais à la pensée de se trouver moins bien traités que le jeune étudiant. Aussi, plus tard, malgré les différences sociales qui résultaient de l'inégalité de leurs états, conservaient-ils, entre eux, avec une bonhomie et une simplicité admirables, la plus parfaite entente.

Et si l'on veut connaître les causes de cette belle entente, on les trouvera dans ces tutélaires vertus, dont nos cahiers domestiques portent, pour ainsi dire, à chaque page, l'empreinte profonde. C'est, avant tout, une piété ingénue, robuste, admirable ; c'est la traditionnelle et ferme discipline ; c'est l'amour, le respect religieux du foyer, et, aussi, le bon sens, l'esprit éminemment pratique de ces braves gens, qui leur faisait tenir pour peu de chose, le côté décoratif des emplois.

Mais, revenons à Blaise Goyard, notre intéressant journaliste. Pendant les premières années de son mariage, il habitait, dans le bourg de Bert, une maison, dont il était simplement locataire. Mais l'excellente madame Goyard lui ayant donné huit enfants dont six vécurent. Philibert, Antoine, Claude, Blaise, Marie et Jeanne, le logis de Bert devint, sans doute, trop étroit. Toujours est-il qu'en 1628, date mémorable, solennellement inscrite au livre de famille, Blaise transporta toute sa maisonnée aux Bonnets, domaine situé à deux kilomètres environ de Bert, qu'il avait acheté à son beau-frère, « Mᵉ Phellibert Popon ».

Là, sur un mamelon qui domine le village si joliment groupé aux pieds de sa charmante église romane, dans une situation qu'il est difficile de souhaiter plus riante, Mᵉ Goyard avait fait aménager une maison, que son fils, Philibert, augmenta plus tard. Cette maison subsiste encore, bien que réduite à la simple condition de logement de métayer.

Le corps de logis principal est un long rez-de-chaussée, suivi d'un petit pavillon carré, modeste colombier à toiture aiguë, qui est le seul luxe architectural de cette construction ample, solidement assise, mais tout à fait simple et rustique. En avant, à droite, un autre bâtiment s'élève, perpendiculairement au colombier : ce sont les communs, dont la toiture débordante ne manque pas d'un certain caractère.

Et, maintenant, veut-on pénétrer dans l'habitation ? Elle se résume en deux appartements, la cuisine et le dortoir, le reste de la construction étant réservé aux usages agricoles. Ce sont deux vastes salles jumelles dont les plafonds, à poutres et à poutrelles de chêne, opposent vivement leur chaude patine brune, au badigeon blanc des murs.

Dans chacune de ces salles, une cheminée en pierre, fort large et vraiment imposante sous son haut manteau, occupe une place très grande, et justement appropriée à son rôle important.

N'était-ce pas devant elle que s'écoulait, jadis, l'existence paisible de ces braves terriens, immobilisés sur le sol natal ? Alors, *habiter son foyer*, ne représentait pas, comme aujourd'hui, une simple formule ; une bonne partie, la meilleure peut-être, de la vie de nos vieux ruraux, se passait, très réellement, auprès de ce foyer ami, parloir et réfectoire des parents, dortoir des petits. C'était le protecteur immuable qui ralliait les égarés, rapprochait les frères ennemis et, de génération en génération, par la vertu persuasive de ses flammes claires, joyeuses et réconfortantes, stimulait l'union féconde de la famille.

Les Goyard, fervents du foyer, voulurent donc le leur confortable et hospitalier. C'est là, sans doute, qu'après la journée laborieuse, ils écrivaient, le soir,

ces notes qui nous fournissent le compte fidèle de
l'administration, non pas seulement de leurs biens,
mais aussi de leur famille.

Ces braves gens avaient, au même degré, l'amour
de leurs champs et de leur lignée. Ils avaient aussi le
sentiment profond de leur autorité, comme chefs
de famille, sentiment qui se doublait d'un autre :
celui de leur responsabilité.

Précis, fort rangés et plus impartiaux encore,
ils rédigeaient donc, avec une parfaite équité, les
annales de leur gouvernement, dont ils entendaient
laisser, à leur descendance, les pièces justificatives.
Mais revenons à Blaise.

Nous avons déjà constaté qu'il eut une nombreuse
lignée. Il nous en a laissé, — cela va sans dire, —
l'énumération fort exacte. C'est, d'ailleurs, avec le
légitime souci de donner un caractère authentique
à ses inscriptions de naissance, qu'il les note dans son
registre familial, sans négliger la mention du baptême,
et les noms des parrains. Parfois, la signature d'un
prêtre s'ajoute à la sienne, ou la remplace.

Il faut remarquer, aussi, — remarque qui s'applique
également à ses successeurs, — que Blaise Goyard
ne manque jamais de consigner l'heure précise de
la naissance et, avec la date, l'indication de la phase
de la lune, et du signe du zodiaque, sous lesquels
l'enfant est né.

Le voici, par exemple, qui écrit : « Le vingt-
huitième jour de juin l'an mil six cents vingt deux,

jour de mardy veilhe de sainct Piere entour leure *(sic)* de trois heures du matin estant dans le plin de la lune soubz le signe du mybouc (1) nasquit Claude Goyard fils à Blaise et à Benoiste Allex ses pere et mere et fust porté baptizé le troisiesme jour de juyllet au dit an qu'estoit le dimanche après... »

Ces terriens, qui vivaient en perpétuel contact avec la nature, étaient tout naturellement portés à attribuer une mystérieuse et prépondérante influence, sur la santé, la vigueur, voire même la longévité de l'enfant, à ce ciel et à ces astres qu'ils interrogeaient et redoutaient, sans cesse.

Une mort survenait-elle? Ponctuel officier de l'état-civil de sa propre maison, Blaise l'in... vait, en notant soigneusement, le lieu de la sépul... et en ajoutant, souvent, une courte et touchante prière. Ce qu'il fit, entre autre, en inscrivant l'acte mortuaire de l'un de ses fils, le « pauvre petit Blaise », décédé à l'âge de trois ans, «... priant à ce Bon Dieu qu'il aye pitié de sa pauvre âme et la conduhyse au reaume de paradis... »

Blaise Goyard ne néglige pas l'instruction de ses fils, qui eurent, en particulier, pour professeur, l'abbé Jay, curé de Sorbier. Cette mention s'ajoute aux témoignages déjà recueillis, sur le rôle d'éducateurs des curés ruraux d'autrefois.

Cependant, l'un des enfants, le jeune Claude,

(1) Du Bélier.

passa, en 1634, de la cure de Sorbier, où il était
pensionnaire, à une école du Donjon, tenue par un
magister, dont notre journaliste nous révèle le nom
prédestiné, nom fait à souhait pour inspirer aux
élèves un salutaire respect : ce maître s'appelait
Foyton !

Les notes agricoles de Blaise, mêlées intimement
à ses notes familiales, sont fort intéressantes. Elles
ne nous donnent pas ses comptes de gestion ; mais
elles nous renseignent, avec précision, sur le cours
des céréales, pendant vingt ans de son administration.
On s'explique sans peine ce souci d'inscrire les prix
des grains, dans une région et dans un temps où
l'élevage du bétail n'existait pas, et où les cultivateurs
n'avaient guère d'autre moyen d'existence que la vente
de leurs maigres récoltes.

Ces mercuriales, relevées, principalement, aux
marchés de La Palisse et du Donjon, donnent, dans
la période comprise entre 1617 et 1640, les prix
moyens, de 8 à 10 sols la *coupe* (1), pour le
seigle ; de 15 à 18 sols, pour le froment ; et de 10
sols « le retz » pour l'avoine. En 1629, « la graine
de chanvre » se vendait 25 sols, la mesure. L'huile
de noix, valait 4 livres « le post ». Les cours du vin
étaient très variables. En 1627, il se vendait 44 livres

---

(1) La coupe (mesure du Donjon) avait une capacité un peu
supérieure à celle de notre double-décalitre, et fournissait la
quantité de grains nécessaire à l'ensemencement d'une *coupée* de
terrain, mesure de surface encore usitée dans le pays.

le tonneau, prix qui tomba à 20 livres, l'année suivante, pour remonter à 45 et 50 livres, en 1629. Il s'abaissa à 12 et 13 livres, en 1634. Un an plus tard, le vin « en vendange » atteignit 14 à 20 livres. Ces oscillations considérables étaient dues à des accidents locaux de « batture » (grêle) ou de gelée, dont on relève la fréquente mention, dans le registre de Blaise. Ces mêmes causes agirent, plus d'une fois, sur les cours des céréales. Ce fut ainsi qu'en 1631, le froment se vendit 5 et 6 livres et le seigle, jusqu'à 3 et 4 livres, la coupe. Le digne Goyard a inscrit ces prix exorbitants, sans aucun commentaire, mais une note d'un registre paroissial du Donjon mentionne, à cette date, une terrible disette, cause de ce renchérissement.

Blaise Goyard, ai-je dit, vivait, exclusivement, des maigres récoltes de ses champs. Ces récoltes, pain de son foyer, étaient à la merci des orages, des gelées, de tous les caprices du ciel. Et nous savons, déjà, qu'il en fit, plus d'une fois, la dure expérience. Il ne manquait pas de consigner ces désastres, en des remarques dont on ne peut s'empêcher d'admirer, et même, — pourquoi ne pas l'avouer ? — d'envier la chrétienne résignation. Ecrites, cependant, sous le coup de la première impression, jamais un mot d'aigreur, de révolte, ou de découragement, ne s'échappe de sa plume de brave homme, aux nerfs paisibles. En 1618, par exemple, il écrit, laconiquement : « La batture (la grêle) battit la paroisse de Bée (Bert), du cousté de la Marche, où il ne demeura presque rien. »

A ses remarques sur les orages, s'ajoute l'intéressante et attentive notation des phénomènes sidéraux. L'apparition d'une comète survenait-elle, ou bien la chute de quelque météore? Blaise se hâtait d'enregistrer le fait, avec un luxe de détails qui trahit sa secrète émotion. C'est qu'il y avait alors, — n'y a-t-il pas encore, aujourd'hui? — au fond de l'âme du bon rural, la croyance, que ces phénomènes précèdent et annoncent des évènements graves ou malheureux.

Du reste, notre journaliste n'était pas exempt des naïves superstitions du paysan. Il croyait aux sorciers, et avait foi dans leurs pratiques. Son carnet renferme certaines recettes et formules, pour guérir bêtes et gens, qui ne laissent guère de doutes à cet égard. Entre autres, sa « recepte pour guérir de lomal *(sic)* autremen le mal caducq », qu'on lira, plus loin, soigneusement et longuement transcrite sur son mémorial.

Les remarques historiques qui abondent dans ce mémorial, n'en sont pas la partie la moins curieuse. Elles nous donnent, prises sur le vif, l'état d'esprit d'un campagnard bourbonnais, pendant toute la durée du règne de Louis XIII, règne qui fut si lourd au peuple, par le poids des guerres. Je ne veux pas déflorer l'intérêt que le lecteur prendra à retrouver lui-même, parmi les notes de Blaise Goyard, ces petites relations, qui sont tantôt l'écho, venu jusqu'à Bert, du bruit lointain des batailles, tantôt le récit d'événements moins héroïques, qui eurent, pour théâtre, la province du narrateur. D'ailleurs, quelques citations discrètes me suffiront, pour montrer l'importance de cette partie anecdotique et politique du journal, et pour mettre en relief l'« opinion » du journaliste.

Les remarques historiques débutent par la mention, au mois de janvier 1617, d'une mutinerie des Moulinois, contre leur gouverneur, « Monsieur de St-Geran (1) ». « Il n'y eut, néanmoins, » constate, avec satisfaction, l'excellent narrateur, « aucun eschet ni mal, sinon qu'il (M. de St-Geran) en fit mettre prisonniers plusieurs des habitants de la dite ville de Moulins. »

Blaise Goyard ne nous dit pas la cause de cette émeute, amenée, sans doute, par quelque taxe ou impôt, mal accueilli, mais il relate, de suite après, le passage, en Bourbonnais, du roi « notre sire, nommé Louis XIIIᵉ » qui, cette même année 1617, revenant du siège de Montpellier, coucha à La Palisse. Sa Majesté s'y arrêta « avec toute sa cour, savoir : la reine mère et celle de France, sa femme. Lesquelles l'étaient allé attendre dans Lyon, et s'en retournèrent tous à Paris, par le grand chemin, et passant par Moulins, ne voulut mettre pied à terre et dina à Toulon, proche dudit Moulins. »

(1) Jean-François de La Guiche, seigneur de St-Geran et de La Palisse, maréchal de France, gouverneur du Bourbonnais, né en 1569.

Il est probable que Louis XIII gardait rancune aux Moulinois de leur révolte, et qu'en ne s'arrêtant pas dans leur ville, il entendit leur donner la preuve de sa royale mauvaise humeur. Blaise, qui nota l'incident, l'interpréta, sûrement, ainsi.

Plus loin, notre chroniqueur mentionne un fait local qui dut causer grand scandale au pays : « Nota, qu'en l'année 1627 et le jour de saint Bonnet, au mois de janvier, fut tué M. de Chytin (1), par M. de Charllieu (2) sieur de Chateaumorand (3), qui fut un grand dommage. »

Ce M. « de Chytin », tué, j'aime à croire, en duel, par le marquis de Châteaumorand, était Geoffroy de La Guiche, seigneur de Chitain, et frère du maréchal de Saint-Geran, gouverneur de la province. Il était propriétaire de Lalière, château situé sur la lisière du Bourbonnais et du Forez, tout proche de Châteaumorand. On vient de voir que ce voisinage n'avait pas été favorable au malheureux frère du maréchal. Blaise Goyard, en *gouverné* soumis et affectueux, avait cru devoir s'associer au deuil de son gouverneur.

Continuant à suivre, avec un évident intérêt, les campagnes du roi, Blaise écrit, en 1630 : « La dite année, au commencement d'icelle, le roi, notre

---

(1) Lisez, Chitain, nom d'un château, dont quelques vestiges marquent, seuls, l'emplacement, sur le territoire de la commune de Saint-Christophe (canton de Lapalisse).

(2) Lisez, Charlus (Levis-Charlus).

(3) Château sur la commune de Saint-Martin-d'Estreaux (Loire).

sire, Louis XIII° fist une grande armée, qui s'en allat et fut conduite contre Piémont et contre l'Italie, conduite par un cardinal nommé le cardinal de Rochelieu *(sic)*. »

N'est-il pas piquant de voir de quel air étonné, pour ne pas dire scandalisé, le brave homme parle de cette armée qui est conduite à la guerre par un cardinal ? Il est évident que cela lui paraît très insolite, et il en profite, dans son trouble, pour estropier, consciencieusement, le nom du grand ministre.

En 1632, il note le passage, à Bert, de Gaston d'Orléans, qui revenait « du cousté de Dijon... Et fault noter qu'il avait avec lui, grande quantité de peuple et des éstrangiers que l'on nommait Pollacres (1). Il était logé dans la paroisse de Bert avec tous les plus apparents et chefs de son armée. Et son logement de lui fut au chastel de la Besche (2), et le logement de monsieur d'Albeuf qui était coronel de l'armée était logé cheux Bonnet, ou demeurait, pour lors, Blaise Goyard sous signé. »

Une telle visite de troupes cosmopolites et mal disciplinées, était rien moins que rassurante ; sans compter que le seul fait d'avoir à héberger cette cohue d'affamés et de pillards, équivalait, pour le pauvre village, à un véritable désastre. On voit,

---

(1) Probablement, des Polonais.
(2) Château que possédait, alors, une famille Vichy, qu'il ne faut pas confondre avec la famille chevaleresque du même nom. Voyez note 2, p. 28.

cependant, que Blaise enregistre le fait, sans rien
perdre de son impertubable sérénité. Et même, il ne
parait pas tout à fait insensible à l'honneur que lui
fait « monsieur d'Albeuf », en venant loger aux
Bonnets, chez lui, dans *sa* maison !

En 1632, il apprend, avec chagrin, la mort du
maréchal de Saint-Geran, qui « decedda à La Palisse...
le deuxième de décembre... » Et, de sa plume défé-
rente, il ajoute : « ... duquel il fut grand dommage.
Dieu le veuille mestre en son paradis. »

Mais, voici une mention bien curieuse, qui concerne
l'histoire de Moulins. En 1637, le roi, qui avait grand
besoin d'argent,— on en aurait eu besoin à moins ! —
avait imposé, à nombre de ses bonnes villes, une forte
somme à payer. Moulins avait été taxée, paraît-il, à
quarante-cinq mille livres. Cependant, nos Moulinois, grands ménagers de leurs bourses, et assez
indépendants, de leur naturel, refusèrent, tout net, de
se laisser faire. Ils déclarèrent, fermement, qu'ils ne
paieraient pas. Et, de fait, ils ne payèrent pas... tout
de suite ! Cet accès d'indépendance économique leur
coûta cher. Une armée, forte de huit ou dix mille
hommes, leur fut dépêchée. «... Les habitants du dit
Moulins compozarent avec eux », déclare notre
journaliste, « jusque à la somme de quarante-cinq
mille livres, pour empêcher ladite garnison... » sans
préjudice de l'emprunt de même somme « qu'il fallut
encore payer » !

Nos concitoyens avaient gardé, de la fâcheuse aventure, un fond de mauvaise humeur, qui se traduisit, quelque temps après (1640), par « un grand scandale », dit Blaise, « en la ville de Molins et même au faubourg d'Allier, où il fut tué des gens qu'on nommait maltotiers qui étaient pour lever certaines taxes sur toutes marchandises, et en fut tué six ou sept par les habitants du dit faulbourg et était, pour lors, gouverneur du Bourbonnois, Monsieur de Saint-Gerand (1), lequel en fit pendre deux du dit faubourg, dans le château de Moulins ».

Bientôt après, — représaille accoutumée, — arrivaient « deux ou trois régiments en garnison et qui logent partout, tant dans la ville, que les faubourgs ».

Et Blaise ajoute, avec mélancolie : « En la dite année 1640, le pauvre peuple fut grandement fatigué des succides de taille, de subsistances et aultres gabelles. »

Deux ans plus tard, (1642), il consigne, laconiquement, la mort du cardinal, « qui avait si longtemps » ajoute-t-il, en manière d'oraison funèbre, « conduit les armées en France ». Il est clair que notre ami Goyard aimait peu ce cardinal, qu'il voyait toujours à la tête des armées. Aussi, s'abstient-il de lui souhaiter le paradis, politesse qu'il manquait rarement de faire, cependant, aux défunts de qualité.

Une des dernières notes de son Journal est consacrée à la mort du roi : « Nota qu'en l'année 1643,

(1) Claude-Maximilien de La Guiche, seigneur de Saint-Geran

le roi Louis XIII° de ce nom morut à Paris, au mois
d'avril lequel avait régné l'espasse de trente cinq ans
et avait eu de grandes guerres sur les bras, et fait
la guerre durant sa vie, tant contre les Huguenots,
que contre le roy d'Espagne et tout aussi tost après
ca mort, monsieur le dauphin son fils, fut créé roi
oui estait en l'âge de six à sept ans, la reine, sa
mère, fut déclarée régente. »

La mort de Blaise Goyard suivit de fort près
celle du roi. Singulière destinée que celle de ce
chroniqueur de paix et de concorde, qui, par une
ironie du sort n'eut guère à enregistrer, durant toute
sa vie, que des nouvelles belliqueuses et qui, du haut
de sa montagne, ne cessa pas d'entendre des bruits
lointains de bataille. Cependant, il se montra toujours
respectueux et résigné. Même lorsqu'il s'agissait de
faits le touchant directement, comme les levées d'im-
pôts, par exemple, il se contentait de constater, avec
son habituelle soumission, que le « pauvre peuple »
en est « très fatigué ».

Cette résignation étonnante, il la devait à ses
sentiments religieux, il la devait, aussi, à sa logique
de minuscule souverain, trop soucieux de l'obéissance
de ses propres sujets, pour donner, jamais, l'exemple
de la révolte, même la plus platonique.

Aussi. lorsqu'il annonce la mort du roi, le fait-il
avec une commisération affectueuse : « Il eut de
grandes guerres sur les bras, » s'écrie-il familière-

ment. Après tout, quoi de plus naturel que cette manière de s'exprimer !

Le chef de la grande famille française n'était-il pas un peu son confrère, à lui le petit roi du domaine des Bonnets ?

Journal de Blaise Goyard (1).

Le quinziesme jour de may mil six centz et onze qu'estoit ung jour de dimanche environ les quatre heures du soir la lune estant nouvelle et soubz le signe de virgo naquit Phellibert Goyard fils à Blaise et Benoiste Allex ses père et mère et fust pourté baptizé le lendemin par messire Phellibert Allex son grand-père et messire Phellibert Popon son oncle. Ses

(1) Les notes et remarques de Blaise Goyard, avec celles de son fils, de son petit-fils et de son arrière-petit-fils, occupent 55 feuillets d'un cahier recouvert en parchemin, dont le format se rapproche du petit in-8°.

Ces notes ont été inscrites, sans grand respect de la pagination, et, fréquemment, au hasard de la première place disponible. Je me suis appliqué à les rétablir, autant que possible, dans leur ordre chronologique. L'écriture en est hâtive, incorrecte, et d'une lecture, souvent, difficile. Quoi qu'il en soit, j'ai scrupuleusement respecté, dans ma copie, les négligences orthographiques et les « provincialismes » de la rédaction originale, estimant que la *construction* de ces écrits familiers présente son intérêt. Ne donne-t-elle pas au lecteur, l'illusion instructive d'*entendre parler* le vieil écrivain, dans son langage habituel, et avec son « accent » du terroir ?

mareines furent Claude Goyard veusve de François
Pallebost (1) dit Chevrot et Françoise Allex sœur de
ladite Benoiste ses tantes faict lesdits jour et an susdit.

MARCAUD prestre

✠ Le quinziesme jour de décembre mil six cents
quatorze qu'estoit ung jour de lundy environ une heure
après midy la lune estant à la fin du premier quartier
soubz le signe des gemaulx naquit Anthoine Goyard
fils à Blaise et Benoiste Allex et fust porté baptisé le
lendemin part messire Anthoine Vichy (2) seigneur
de la Besche et François Goyard ses parins et furent
ses marraines honneste femme Marie de la Doire (3)
sa grand-mère et Simone Goyard veusve de Gilbert
Charnayt sa tante faict lesdits jour et an susdit.

MARCHAND prestre

✠ Aujourd'huy quinziesme d'octobre l'an mil six
cents seize a esté baptizé Blaise Senepin fils à Gilbert
Senepin estant mesteyer cheul Lauren et a esté parrin

---

(1) Voyez note, p. 158.

(2) D'une famille qui tirait son nom d'une modeste communauté
des Vichy, dans la paroisse d'Huillaux, et n'avait rien de commun
avec la noble maison de Vichy-Champron, à laquelle, cependant
elle tenta de se rattacher, en usurpant ses armoiries. Voyez *les
Fiefs du Bourbonnais*, de MM. Aubert de la Faige et Roger de
la Boutresse.
Ces Vichy habitaient le château de la Besche, proche de Bert.
Ils étaient les voisins de nos Goyard, qui les mentionnent souvent.

(3) Probablement de *La Douaire*, nom d'une famille autrefois
fixée dans l'ancienne paroisse de Montpeyroux, comprise,
aujourd'hui, dans la commune de Saint-Léon, canton de Jaligny.
— *Les Fiefs du Bourbonnais*.

Blaise Goyard et Joseph Senepin et marreine Marie
Grand commère et est à notter qu'estoit ung samedy
et ledit enffant estoit né ledit jour sur les sept ou huit
heures du matin à la nouvelle lune en témoingtz de
ce j'ay signé les jour et an que dessus.

B. GOYARD

✠ Recepte pour la malladie des brebies quand
elles morent fault prandre du son de fromen environ
ung ras sellon la quantité de brebies avec du sel et du
souffre pillé et des cendres de sermen de vigne passées
dans ung seact ung peu et aprés avoit ung baschat
dans l'estable et le mestre dedans bien mellé l'ung
avec l'autre et leur en faire manger. — Recepte
admirable.

✠ Recepte pour le bestalh qui a le chancre soubz
la langue ou sur la langue et ledit mal vient que une
vessie qui ce creve et sy faict une fente qui cave la
langue jusque elle est tombée s'il n'est poinct comme
sy dessus est dict deux fois le jour desdites herbes avec
de la poudre qu'il faut mestre sur ledit mal.

Premièrement fault prandre du vin blan, de l'erbe
du chancre (1), de l'erbe de la serpent (2), du chevre

---

(1) L'héliotrope de os contrées (famille des borraginées), que
le langage populair désigne indifféremment sous les noms
d'*herbe aux chancres* et d'*herbe aux verrues*. (Communication de
M. Emile Gilbert.)

(2) L'aristoloche toujours verte, *aristolochia undata*, employée

feu (1), de la grène de lière, du miel, de deux ans, du percil, du cherfeut (2), de la saulge, le tout pillé ensemble et passé dans ung linge et du jeu leur en bien laver la bouche et la langue et sur le mal de ladite langue. Fault puis avoir de lung de glace (3) du poyvre et du sel et le tout pillés ensemble jusque à ce qu'il soit en poudre et en mestre sur la plaistz de la langue du bestal mallade durant six jours soir et matin et garder qu'il ne boyve ny mange de cinq heures après.

✠ Fault ce souvenir qu'en l'année mil six cents dix sept, au mois de janvier, la ville de Molins fust mutinée contre leur gouverneur général monsieur de Saint-Gerant (4). Lequel fist ung grand amas de peuple de tous les coustés. Il estoit nombre de plus de cinq à six mille homme ou il n'y heust néanlmoingtz aulcung eschet ny mal sinon qu'il en fist mestre prisonniers plusieurs des habitant de ladite ville de Molins.

✠ Le vingt-troysiesme jour de novembre l'an mil six cents dix-sept, maistre Blaise Allex, mon beau-trère, fust reçu advocat à Molins pardevant messieurs

contre la morsure des reptiles ; d'où l'appellation familière d'*herbe aux serpents*. (Ibid.)
(1) Chèvrefeuille.
(2) Cerfeuil.
(3) De l'alun non calciné.
(4) Voyez note 1, page 21.

ies présidiaulx, monsieur Dobeil (1) estant présidant.
Faict les jour et an susdits par moy soussigné.

B. Goyard.

✤ Nota qu'en l'année 1617 ne fust aulcungts fruits
ny gland et fust assez de bled et ne vallut tout le long
de ladite année que six et sept sols le plus cher.

Le fromen dix, onze sols aussy le plus cher.

L'avoyne quatre sols communément et cinq sols la
plus cher.

✤ Le quinziesme janvier mil six cents dix huit
qu'estoit ung jour de lundy jour de sainct Bonnet
environ les six heures du soir estant la lune en son
cinquiesme jour de plain soubz le signe ducancer
naquit Jehan Goyard fils à Blaise et Benoiste Allex ses
père et mère et fust le landemin questoit le jour sainct
Marcel porté baptizé par messire Benoist Pereau (2)
de Sainct-Ligier des Brières son oncle qui feust parrain
avec messire Phellibert Allex son grand-père et 'ust
sa marreine dame Jehanne Vichy veusve de messire
Simon Jolly (3) vivant greffier en la généralité de

(1) Voyez note 4, page 12.
(2) Perraud, d'une famille de Saint-Léger-des-Bruyères, dans
le canton du Donjon.
(3) Simon Jolly, « écuyer », fut le premier titulaire de la
charge de greffier en chef du bureau des Finances de la généralité de Moulins, bureau établi par édit du mois de septembre
1587. Il eut pour successeur, en 1616, Jacques de Feu. (Tabl.
chron. des greffiers en chef...) Les Jolly, sieurs du Bouchaud, de
Chamardon, de Coulon, etc. (châtellenies de Chaveroches, Mou-

Molins estant dame de la Sère (1) et y demeurant avec honneste femme dame Marie de la Doire sa grand mère. Faict les dits jour et an susdits.

✢ Nota que ledit Jehan Goyard est deceddé le neusvieme jour d'apvril au dit an mil six cents dix huit et fust encepulturé dans l'esglise de Behé (2) au lieu ou avoit esté enterré messire Blaise Goyard.

✢ En l'année 1618 il est a notter qu'au mois d'aoust les eaulx furent tellement grandes et la rivière tellement desbordée qu'ont ne pouvoit aller par les champts. Et ce les deuxiesme, 3, 4, 5 du dit mois et la dite année les pluyes furent sy fréquentes qu'ont ne peut presque lever les moissons et porrit ont grande quantité du bled part les champs.

✢ Tout le long de ladite année le bled ne vallut que six et sept sols jusques au mois de juyllet et au mois d'aoust qu'il en chérit et vallut le dernier jour de juyllet jusques a neuf sols.

✢ Ladite année la batture (3) battit à la paroisse

---

lins, Bourbon), pourvus, pendant plusieurs générations, d'offices au bureau des Finances, et alliés aux Bizot, aux des Essarts, aux Champfeu, etc., eurent une situation assez marquante en Bourbonnais et, particulièrement, à Moulins, au XVIIe et au XVIIIe siècles.

(1) La Serre, dans la commune de Liernolles, canton du Donjon.

(2) Bert. Blaise Goyard écrit, constamment, le nom de sa paroisse « Behé » ou « Bée », comme il le prononçait. Je ne reviendrai plus sur cette rectification, faite, ici, une fois pour toutes.

(3) La grêle.

de Bée, le cousté de la marche ou il ne demeurat presque rien.

✤ Ladite année 1618 le bled vallut es mois de novembre décembre dix sols, le fromen xv et seize sols, l'avoyne quatre sols trois sols et demy.

✤ La mesme année aux dits mois de novembre et décembre fust remarquée une estoille qui ce levoit du cousté du soleil levé environ la minuit avec une grand cuëe (1) qu'elle avoit au devant de soy et fust veuse (2) jusque proche les festes de Noël.

✤ Le seiziesme jour de mars l'an mil six cents dix neuf naquist Blaise Goyard fils a Blaise et Benoiste Allex ses pere et mére et fust pourté baptizé le mesme jour environ deux heures apres midy cinq ou six heures après qu'il fust né, la lune estant nouvelle soubz le signe de..... et furent ses parrins et marroynes, messire Blaise Allex advocat en la sénéchaussée et siège présidential de Bourbonnois a Molins et Mazet Joseph dit Freschet ses oncles, et marreines Anne Hollofernoy femme a Laurent Peret et fust baptizé part messire Estienne Marcaud prestre demeurant à Behé.

B. Allex.   E. Marcaud prestre.

✤ Ce fault souvenir que ledit pauvre petit Blaise

---

(1) Une grande queue.
(2 Vue.

Goyard sy devant baptizé décedda le cinquiesme jour
de febvrier l'an mil six cents vingt deux ung samedy
au soir jour de Saint Agathe veilhe du dimanche gras
et fust enterré en mesme lieu que son frère Jehan
sy devant en mesmoré priant a ce bon dieu qu'il aye
pitié de sa pauvre ame et la conduhyse au reaume de
paradis faict les jours et an susdits.

B. GOYARD.

❧ En l'année mil six cents 19 le bled vallut le
mesme prix le froment et l'avoyne.

❧ En l'année mil six cents vingt les bleds furent a
mesme prix.

❧ En l'année mil six cents vingt ung le fromen
vallut sur le commancement de l'année quinze et seize
sols jusques au mois de may qui revint a douze et
treize sols et treize sols et demy. Le soigle vallut aussy
au commencement de six et l'année sept sols et sur les
moissons il vallut jusques a dix sols. Lavoyne quatre
et cinq sols.

❧ La mesme année le Roy de France fist la guerre
aux Huguenaux de son reaulme et siegeha Saint Jehan
d'Angelly qu'il print et fist raser la ville avec tout plain
d'autres villes qui fist randre. Monsieur le prince de
Gondé (1) print Sein Serre (2) qu'il fist aussy
desmenteller et le chasteau de Sully.

---

(1) Henri II de Bourbon, prince de Condé.
(2) Sancerre.

✤ La mesme année tout le long d'icelle elle feust mouillée et mesme tout le mois d'aoust et il y heust grand difficulté de fer les moissons.

✤ Est aussy a notter qu'en ce mesme temps et l'année 1622 le roy notre sire nommé Louys XIIIᵉ de ce nom siegha la ville de Mompellier laquelle ce rendit et mist des garnizons et a son retourt passa parmy ses païs part La Pallisse ou il coucha avec toutte sa court scavoir la royne mer et celle de France sa femme, lesquelles l'estoient allée attandre dans Lyon et s'en retournarent tous à Paris pour le grand chemin et passant par Molins ne voulust mettre pied a terre et digna à Toullon proche dudit Molins (1).

✤ Le vingt huitiesme jour de juin l'an mil six cents vingt deux jour de mardy veilhe de sainct Pierre entour leure de trois heures du matin estant dans le plin de la lune soubz le signe du mybouct nasquis Claude Goyard fils a Blaise et a Benoiste Allex ses pere et mere et fust porté baptizé le troisiesme jour de juyllet au dit an qu'estoit le dimanche apres part Claude Pallebostz (2) dit chevrot assisté de messire Phellibert Allex ses parrins et dame Francoise Brirot assistée

_____

(1) Voyez, au sujet de cet épisode, mes remarques, p. 21.

(2) Ou Pallebosc, peut-être de la même famille qu'un Gilbert Pallebosc, dont la veuve, Jeanne de Luppé, vendit, en 1580, le domaine des Arpayats, sur la paroisse de Saint-Félix (canton de Varennes), à noble homme Noël de Saulzay, écuyer, seigneur de Fontaine. (Les Fiefs du Bourbonnais.)

de dame Marie de la doyre et aultres ses marreines et fust baptizé par vénérable et discrette personne messire Philippe Jey prestre vicaire dudit Behé faict les jour et an susdits.

P. Jey prestre.   B. Goyard.

✤ Est a noter aussy que les année 1623 1624 le fromen a vallu au Donjon jusque a xvı sols mais pas d'avantage et y en a heu de xıı sols xııı sols xıııı sols et le seigle n'a pas vallu plus haust de x sols l'avoyne jusque a vı sols le vin a médiocre prix.

✤ L'année 1624 il ny a point heu de fruicts en ce païs ni de glan.

✤ Ce jourd'huy huitiesme jour de juin l'an mil six cents vingt cirq jour de dimanche et feste de sainct Medard entourt l'eure dix heure et demy du soir la lune estant nouvelle au signe des gémeaux est né Blaise Goyard fils a Blaise et a Benoiste Allex ses pere et mere et fust baptizé le mercredy ensuyvant questoit le jour de saint Barnabé et furent ses parins et marreynes messire Blaise Allex advocat en la sénécheaussé et siége présidential de borbonnois a Molins et demoiselle Marie Gras femme a noble Anthoine Vichy seigneur de la Besche et feut baptizé part venerable et discrette personne messire Phelippe Jey prestre vicaire dudit Behé qui a signé avec moy Goyard pere.

P. Jey prestre.   B. Goyard.

❧ Fault aussy noter qu'en l'année mil six cents vingt cinq le blé en chéry et en l'année mil six cents vingt six et vallut jusque a seize sols et le fromen vingt sols xxıı sols au Donjon et alla pallisse la soigle dix huits sols et le fromen vingt six et xxvıı sols jusque a caresmeprenant.

❧ Aujourd'huy vingt-sixiesme d'avril 1626 est décédé vénérable et discrette personne messire Laurent Mallière prebstre haulmonier de ¦monseigneur le mareschal de Saint-Geran, curé de Béhe et feust enterré dans l'esglise paroichialle de l'esglise de Béhe à l'entrée de la grand porte le vingt-sisiesme dudit mois d'apvril mil six cents vint six en la présence de plusieurs des habitants de la dite paroisse et de moy soubssigné faict le troisiesme jour de may audit an susdit 1626.

B. GOYARD.

❧ Et le dit jour de troisiesme de may l'an mil six cents vingt-six s'est présenté vénérable personne messire Gilbert du Merit prebstre haulmonier de monseigneur le mareschal de Sainct-Gerant provu par monsieur l'évêque de Clermont ou son oficial de la dite cure de Béhe qui a print possession de la dite cure de Béhe par devant monsieur Fournier notaire royal de Cusset estant en ce lieu de Béhe ledit jour et par la main de vénérable et discrette personne messire Jehan Perreut prestre vicaire de Barrais, en la présence de messire Phillibert Allex, Blaise Goyard,

Jehan Perret, Claude Puighlot, messire Jehan Coullon sergent, messire Blayse Allex advocat et plusieurs autres habitants de ladite paroisse et de moy soubssigné.

B. GOYARD

✤ Pour l'année mil six cents vingt six fault notter que le bled a esté cher toutte ladite année puis le mois de mars et vallut jusque à vingt sols au Donjon et le fromen vingt-cinq sols, l'avoyne huit sols jusque aux moissons et est à notter que depuis la sainct Jehan jusque alla fin de juillet il pleut toujours de telle façon que l'on ne peu faire les foins ny les moissons et vallut le bled en moissons vingt sols.

✤ Ladite année, le jour de sainct Jacque et sainct Cristophe, il fist une grande batture qui gastat beaulcoup de païs et mesme despuis Varesne-sur-Allier, Boucé (1), Chazeulx (2) et tout le village de Fontaine (3). Il n'y demeura du tout rien et fault notter que le dixme appellé le dixme de Fontaine estoit accensé quatrevingts quartons de bled et feut réduict à trois quartons. Ladite batture contint jusque à Lirenolle (4) et Monnettey (5) et gasta grandemen le païs.

---

(1) Commune du canton de Varennes-sur-Allier.
(2) Chazeuil, près de Varennes.
(3) Dans la commune de Billy, canton de Varennes.
(4) Liernolles, commune du canton de Jaligny.
(5) Monétay-sur-Loire, commune du canton de Dompierre.

✤ La mesme année, le jour de Saint-Benoist, il passa une aurisse (1) de vend à Langy, Billy, Créchy (2) et autres lieux circonvoisins qui ranverçoit grand quantité de maisons et granges et aultres baptiments et tous les noyers et autres harbres qui porta grand préjudice au païs.

✤ Et la mesme année, le dimanche deuxiesme jour d'aoust, il fist une autre aurisse de vend qui contin tout le païs qui ranverça et rompit grand quantité d'harbres, abattit tous les fruicts qui estoient sur les harbres, dequoy le pauvre peuple fust grandement estonné et fist une grande perte.

✤ Nota qu'en l'année mil six cents vingt-sept et le jour de sainct-Bonnet, au mois de janvier fut tué monsieur de Chytin (3) par monsieur de Charllieu (4) seigneur de Chasteaumorant (5) qui feut ung grand dommage.

✤ En ladite année 1627 le dimanche xxiiiⁱᵉ janvier veille de monsieur Saint Pault est déceddé Mᵉ Blaise Allex advocat en la sénéchaussée de Borbonnois à

---

(1) Rafale, tourmente.
(2) Langy, Billy, Créchy, communes du canton de Varennes.
(3) Godefroy de La Guiche, seigneur de Chitain.
(4) Lisez : Charlus (Lévis-Charlus).
(5) Dans la commune de Saint-Martin-d'Estreaux (Loire). J'ai donné, précédemment (remarques préliminaires, p. 22) quelques renseignements, sur cette note curieuse de Blaise Goyard,

Molins, mon beau-frère, en sa maison au lieu de
Chaveroche (1) et feut entterré ledit jour de Sainct-
Paul dans l'esglise dudit Chaveroche, proche la petite
porte. Je prie Dieu qui luy plaise luy pardonner ses
faultes. Faict lesdits jour et an que dessus.

B. GOYARD.

✤ Notta qu'en la mesme année mil six cents vingt-
sept, le bled a vallut jusque à quarante sols la couppe
et le fromen à XLV sols par les mois de may et de
juin et le commun prix à trente cinq sols et trente-
sept sols le fromen, et por moysson le bled vallust, le
melheur marché la somme de quinze sols.

✤ Le vin a vallust jusque à quarante-quatre
livres en ce païs, por ce... XLIIII.

✤ La dite année a esté grandement pluvieuse et a
on heu grand difficulté de sesmer.

✤ Ladite année les vandanges ont estés grandemen retardés et n'a ont vandangé que la semaine
de la Toussaints.

✤ Nota que le dernier jour de septembre audit an
mil six cents vingt sept Mr Phellibert Allex, mon
beau père, est déceddé et fust enterré le premier jour
d'octobre l'an mil six cents vingt sept, fust conduit

(1) Chavroche, commune du canton de Jaligny

sur ung branquard a Chaveroche ou il feust en sépulturé. Dieu aye pitié de sont ame.

B. GOYARD

✤ En l'année mil six cents vingt huit fault notter que le bled soigle feu cher toutte l'année et vallut jusque a trente huit sols mais pas beaucoup et le fromen jusque a quarante cinq sols l'avoyne six sols six deniers. Le vin assez bon prix jusque a vingt livres le tonneau. Le bled vint a ravaller sur le mois de may et le fromen aussy et ne vallut que jusque a vingt sols et le fromen vingt quatre et vingt cinq.

✤ Notá qu'en ladite année 1628 le bled et fromen en cherist despuis la sainct Jehan jusque en moysson et feu bien rare por la soigle et vallut jusque a xxviii sols et xxix sols au mois de juin mais il ne dura qu'ung lundy sullemen au marché au Donjon.

✤ Et fault noter que le bled nouveau, le lundy dernier jour de juyllet en la mesme année 1628, vallut au Donjon vingt sols la couppe, l'avoyne six sols et le fromen vingt neuf sols. Le vin en assez bon prix por le vin du pais dix huit livres le tonneau.

✤ Il est a remarquer qu'en ladite année les foingtz et les moyssons furent grandemen mal aisés a faire a cause des pluyes qui fist toutte la lune de juyllet et d'aoust.

✤ Il faudra souvenir aussy que ladite année la peste feust grandemen espreinze (1) a alla ville de Paray de telle façon qu'ils abandonnèrent tous ladite ville et s'en aloit et n'y avoit personne (2).

✤ Il est aussy a notter qu'en ladite année le siage estoit devant La Rochelle et despuis l'année au paravant ou le roy estoit en personne avec une grosse harmée.

✤ Nota qu'en ladite année je sortis de la maison de desfunct M⁰ Jehan Moreau au bourg de Béhé ou j'avois demeuré sept ou huit ans et m'en vint demeurer cheulx Bonnet que j'avois accencé de mon beau frère maistre Phellibert Popon, Nicollas Vernai et Benoist Pereau et ce alla saint Jean de la dite année et au mesme temps M⁰ Benoist Juzeau y vint demeurer laquelle il avoit aquize par décret (3).

✤ Est a notter qu'en ladite année mil six cents

---

(1) Répandue.

(2) La peste, qui prit, ainsi, naissance à Paray-le-Monial, en 1627, se propagea, de là, en Bourgogne, puis en Bresse, puis dans le Lyonnais et le Forez, où elle fit, durant les années 1628 et 1629, des ravages terribles, dont notre journaliste nous fournira, bientôt, un nouveau témoignage. Je viens de dire que la peste sévit en Bresse ; cependant Bourg fut préservée. Dans une intéressante notice intitulée : « Inscriptions recueillies dans l'église de Brou », M. A. Vayssière, alors archiviste de l'Ain, signale un tableau votif, représentant saint Nicolas de Tolentin, que la ville de Bourg offrit, en 1629, à la célèbre église bressane, en reconnaissance d'avoir été épargnée par le fléau.

(3) Par vente judiciaire.

vingt huit le bled soigle vallut au Donjon, por la saint Michel et tout le mois de septembre et octobre, seize sols la couppe et le fromen xxv et xxvi sols, l'avoyne cinq sols.

♣ Ce fault souvenir qu'en ladite année 1628, le roy print La Rochelle apres avoir soustenu le combat contre l'armée des hanglards et ce fut au mois de novembre. En foy de quoy j'ay signé

B. GOYARD

♣ Et ce fault souvenir que le roy notre sire tein le siège devant ladite Rochelle l'espasse de deux ans et la print par famine.

♣ Fault remarquer qu'en ladite année 1628 le jour de sainte Catherine et le landemin il fist ung tel desbordemen des eaux que les rivieres furent tellement grandes qu'elles firent grandement du mal aux bleds qui estoient en plongehons dans les retroubles et dans les granges et a ceux qui estoient semés dans les terres, emmena partye du pont de Molins (1) et de Vichy (2). En foy de quoy j'ai signé

B. GOYARD

(1) C'était, alors, un pont de bois, comme il appert d'un arrêt du conseil, daté de 1630, portant qu'il sera construit un pont de pierre sur l'Allier, pour remplacer celui de bois. (Arch. municipales de Moulins.)

(2) Voici une intéressante note, extraite d'un registre paroissial de Vichy concernant ce « desbordement », que M. Mallat relate dans son ouvrage « Vichy à travers les siècles » (t. 1er

✤ En ladite année le vin vallust jusque a Noel xⱽ livres le tonneau et le bled au . Donjon jusque audit jour de Noel xvı sols la couppe le fromen xxıı et xxııı livres l'avoyne ııı sol vı deniers.

✤ En ladite année il y heust de grand malladie alla Pallisse jusque audit jour de Noel et feust abandonné de tout le monde que l'on ny alloit point et tout le long du grand chemin et à Lyon mesme (1).

✤ Le dix septiesme jour de mars mil six cents vingt neuf jour de samedy la lune estant en son dernier quartier au signe de la ballance environ l'eure de midy naquit Marie fille de Blaise Goyard et Benoiste Allex ses pere et mere et furent ses parrins et marreyne damoyzelle Marie Gras femme a

p. 176) : « Cejourd'huy 26ᵉ jour de novembre 1628, fête de sainte Catherine, est arrivé une grande abondance d'eau par neiges et pluyes, qui a débordé la rivière d'Allier de telle sorte qu'elle a sapé la tour Guinaud et grandement affligé dans la ville de Vichy en passant à travers des cours et maisons jusque vis à vis du logis de M. François Mareschal. » Cependant, on remarquera que cette note ne mentionne pas la chute du pont. Il est probable que la nouvelle des dégâts produits par l'inondation s'amplifia quelque peu, avant d'arriver à Bert.

(1) La peste, qui sévissait gravement à Lyon, en 1628, s'achemina, par la grande route de Paris, jusqu'à La Palisse, après avoir fait sentir ses cruelles atteintes en Forez. Dans cette dernière province, les traces matérielles du fléau subsistent en maints endroits. Par exemple, les cadavres momifiés que l'on peut voir dans un caveau de la curieuse église de Saint-Bonnet-le-Château, attestent, vraisemblablement, cette contagion, comme aussi ces ossuaires, encore exposés à la vue des fidèles, dans d'autres églises.

noble Anthoyne Vichy s^r de la Besche et Marie
Goyard femme de Mayet Josept dit Frechet sœur
dudit Goyard et son parrin Me Claude Duret de
Lyrenolle (1) cousin germain dudit pere et feust
baptisé en l'esglise de Behe par vénérable et discrette
personne Mre Gilbert du Merit M^e hozard (2) curé
dudit Behe lesdits jour et an susdits en foy de ce ay
signé

B. GOYARD

✤ Fault remarquer qu'en l'année 1629 le bled feust
au mesme prix de seize sols, jusque au mois de may
qu'il vint jusque à dix huit sols.

Le fromen a xxiii et xxiiii sols.

L'avoyne a cinq sols.

Le vin feust cher et ce vandoit quarante cinq et
cinquante livres le tonneau.

La grenne de chande vallut vingt cinq sols.

✤ Il y heust de la malladie dangereuse ladite
année et depuis l'année 1628 a Chaveroche et ou il
mourent beaucoupt de peuple et en beaucoup d'autres
endroits (3). Les messieurs de Chaveroche quittarent
le lieu par tout les principalx.

---

(1) Liernolles, canton de Jaligny.

(2) Maître ès arts (?).

(3) Cette « malladie dangereuse » qui se manifesta, ainsi, à
Chavroche et « en beaucoup d'autres endroits » fut, sûrement,
la peste, déjà mentionnée par notre journaliste, dans deux notes
précédentes.

✤ Ladite année 1629 le xv⁰ juyllet estant aux moyssons le bled vallust au Donjon la couppe la somme de seize sols.

✤ Fault noter qu'en l'année 1630 au commencemen de ladite année le bled soigle a valleut au Donjon vingt cinq et vingt six sols la couppe, le fromen xxxiiii et xxxv sols, l'avoyne six sols.
Le vin vallut por le vin du pais dix huit et xx livres le tonneau.

✤ Ladite année au commencement d'icelle le roy notre sire Louys xiii⁰ fist une grande armée qui s'en allast et feust conduite contre Piedmon et contre l'Italie conduite par ung cardinal nommé le cardinal de Rochellieu ou ladite armée a longtemps demeuré et print tout le scavoyen (1).

✤ Fault noter qu'en ladite année 1629 le bled vallust en moysson trente quatre et trente cinq sols et allist toujours en eschérissant et vallust le lundy aprés la saint Barthollemy xxvi⁰ jour d'aoust audit an 1629 et le lundy ensuyvan deuxiesme septembre la somme de quarante huit sols la couppe du Donjon et le fromen cinquante cinq sols, l'avoyne dix sols et douze sols.

✤ Il faut notter qu'en ladite année 1629 il ce reculhy fort peu de bled de touttes sortes. Il fist une grande secheresse au mois d'aoust ladite année qui pensa gasté les vignes.

Le bled estoit tellement rare en ladite saison qu'il ne s'en trovoit presque poin.

✤ Notta qu'en l'année 1630 il s'est reculhy encore moins de bled que l'année dernière 1629 et a vallust apres moysson xxxv sols et toujours en augmentant de prix et à noter que le lundy quatorziesme d'octobre audit an 1630 qu'estoit le lundy devant la saint Luc le bled seigle vallust au Donjon cinquante sols la couppe.

Le fromen trois livres.

Et l'avoyne quinze sols.

✤ Plus le xxviii° du mois d'octobre audit an 1630 jour de saint Symon, lundy devant la Toussaints, le bled vallut au Donjon cinquante deux sols la couppe soigle.

Le fromen ..... iii l.

L'avoyne quatorze et quinze sols.

Le mardy ensuyvant alla Pallisse, le bled vallut iii l. x sols la soigle, le fromen iii l. xvi sols.

✤ Nota qu'au mesme temps le roy nostre sire revint de Piedmon ou il estoit allé avec une grosse armée lequel estoit et avoit esté grandement mallade et s'en retourna à Paris et son chemin feust du cousté de Bourgogne sur la rivière de Loyre et la royne qui y estoit aussy alla passer part le grand chemin.

✤ Fault aussy noter qu'au mesme temps le vin blan du pais vallust dix livres et douze livres le tonneau et le vin rouge vallust dix sept livres et jusqu'a xix.

✤ En l'année mil six cents trente ung fault remarquer que le bled soigle au Donjon vallut despuis Noel jusque au mois de febvrier la somme de cinquante cinq sols jusque a cinquante huit sols et au mois de febvrier et le troisiesme dudit mois qu'estoit le lundy jour de saint Blaise il vallust trois livres et le lundy apres trois livres cinq et six sols la couppe.
Et alla Pallisse trois livres douze sols.

✤ Plus est a notter que le lundy xvii^e dudit mois de febvrier au Donjon le bled vallust quatre livre cinq sols la couppe et quatre livre six sols et que le lundy ensuyvant xxiiii^e dudit mois qu'estoit le jour de saint Mathias il vallust jusque a quatre livres dix sols le fromen cinq livres, l'avoyne un quart d'escu.
Et le lendemin jour de mardy alla Pallisse il vallust le quarton de soigle cent dix sols et le fromen six livres.
Et fault noter que tout le bled qui ce vandoit audit lieu de la Pallisse qu'il venoit du cousté d'Auvergne et du cousté d'Auzance que n'eust esté la bondance qui venoit de ses coustés il ne ce feust trouvé du bled por de l'argent den ce pais.

✤ Plus fault remarquer que le 4e jour de mars

qu'estoit le jour de quaresme prenant que ledit bled feust ravalé audit lieu de la Pallisse de dix sols par quarton.

✤ Est aussy a notter que le lundy xvii° dudit mois de mars qu'estoit le lundy d'apres le lundy des brandons le bled vallust au Donjon quatre livres le fromen iiii livres x sols et l'avoyne xvi sols, les noix quatorze sols les poix et les febvres iiii livres la couppe.

✤ Fault aussy ce souvenir qu'en ladite année 1631 la veille de saint Jean-Baptiste qu'estoit le lundy le bled vallust au Donjon la somme de trois livres treize et douze sols au commencemen du marché et alla fin il en y heust de trois livres huit sols la couppe por le bled vieux et pour le nouveau il y en fust vandu une couppe la somme de quarante cinq sols, por ce... a i sols.

✤ En l'année mil six cents trente deux av moi de juin monsieur trère du roy passa en ses pais venant du cousté de Dijon ou il avoit faict bruller des faubourgtz de la ville dudit Dijon.

Et fault notter qu'il avoit avec luy grand quantité de peuple et des estrangiers que l'on nommoit pollacre (1).

Il estoit logé dans la paroisse de Béhe avec tous les

(1) Sans doute, des Polonais.

plus apparants et chefs de son harmée, et son logemen de luy fust au chastel de la Besche et le logemen
de monsieur d'Albeuf qui estoit coronel de l'armée
estoit logé cheulx Bonnet ou demeuroit por lors Blaise
Goyard soubz signé (1).

B. GOYARD

Et partant de ce pa. s s'en allat passer par l'Auvergne et de la au Languedot.

(1) La note suivante, extraite d'un registre paroissial du Donjon, confirme et complète cette mention de Blaise Goyard :
« L'avant-garde de Monsieur, composée de Français, Italiens,
Espagnols, Flamands, Lorrains, Liégeois, Vallons, Allemands,
Polacres, Dragons et autres méchantes nations, sont arrivés
environ mille chevaux au Donjon le dimanche 27 juin et en sont
départis le mercredi, Monsieur passa au Donjon avec la plus
part de son armée et alla coucher à la Besche, et de là fut passer
le pont de Vichy avec son armée que l'on estime être de plus de
dix mille hommes à cheval, lesquels ont fait de grands dégâts
et ruyné là où ils ont passé, mettant le feu par malice en plusieurs maisons, granges et autres bastiments, battu et rançonné
et outragé leurs hôtes et hôtesses, vollé et emporté tout ce
qu'ils ont pu même en ce bourg du Donjon, sans que les chefs
de ladite armée ayent voulu ouïr les plaintes des affligés ni faire
satisfaction. — Girard CHARNAY, curé du Donjon. »
Deux jours plus tard, l'abbé Nicolas, curé de Droiturier,
signale le passage de Gaston et de son armée, en route pour
Vichy : « Le 29 juin 1632, qui est le jour de monseigneur saint
Pierre, » écrit-il dans son registre paroissial, « l'armée de
Monsieur, frère du roi Louis XIII, est passée et s'est logée
en ce bourg de Droiturier. Le marquis de Trichaté en Lorraine
(Thil-Châtel, dans la Côte-d'Or) et Monsieur étaient logés dans
la maison de la Lière, paroisse de Sail, qui commettaient toutes
sortes de crimes sacrilèges, vols, brûlades, viols. Il a emporté le
cierge pascal : ils m'ont mangé quarante quartons de bled, bu
dix poinssons de vin et emporté des meubles. » *(Les Fiefs du
Bourbonnais.)*

✤ Et en suitte de ce le roy son frère et la royne régente passerent part le païs et tout le long du grand chemin de Paris a Lion au mois d'aoust et coucherent alla Pallisse cheulx monsieur le mareschal de Saint-Gerant avecq monsieur le cardinal de Rochellie et avecq une grosse armée qui s'en allerent tous a Lyon.

✤ Fault remarquer que toutte ladite année le bled ne feut cher et ne vallut au Donjon le plus cher que dix huit sols et le fromen que vingt six sols le plus, l'avoyne dix sols.

Le vin encherit anprès de vandange.

Il n'y heust poin de fruict ladite année en ce païs.

✤ Le bled apres moysson ne vallut que douze sols, au mois de septembre et le fromen seize et dix sept sols.

✤ Nota qu'en ladite année mondit seigneur estant au Languedot le roy son frère s'y achemina comme sy devan est dict et fault notter qu'il y heust quelque bataille part l'armée de mondit seigneur le frère du roy et ceulx du roy entre aultre monsieur le compte Chambet (1) d'aultant que le roy n'estoit encore au pays ou il y heust ung grand eschet (2) et de braves hommes morts et blessés entre autre monsieur de

---

(1) Henri, comte de Schomberg, maréchal de France.

(2) A la bataille de Castelnaudary, que le maréchal de Schomberg gagna sur Gaston d'Orléans et le duc de Montmorency (1632).

Mommorency qui feut prins prisonnier et despuis la teste tranchée por avoir esté contre le roy et fut jugé part messieurs de la court de Bourdeaulx (1).

✤ En ladite année monsieur l'advocat Chenal chanta messe le premier dimanche de l'avant qu'estoit le 28 novembre 1632.

✤ En ladite année 1632 le deuxiesme de decembre monsieur le mareschal de Saint-Geran (2) decedda au chasteau de la Pallisse duquel il feust ung grand dommage. Dieu le veuille mestre en son paradis.

✤ Le vingt huitiesme jour de janvier jour de vendredy l'an mil six cents trente trois environ les cinq heures du soirt la lune estant au plin naquit Jehanne Goyard fille a Blaise et a Benoiste Allex ses pere et mere et fust ses parrins et marreynes Jehanne Vichy fille a noble Anthoine Vichy seigneur de la Besche et damoyzelle Marie (3) sa femme laquelle la vint donné le nom et teint sur les fonds baptis-malle par ladite Jehanne sa fille (4) et encore Fran-

(1) On sait que le duc de Montmorency fut jugé et décapité, non pas à Bordeaux, mais à Toulouse.

(2) Jean-François de la Guiche, seigneur de Saint-Geran et de La Palisse, maréchal de France, gouverneur du Bourbonnais.

(3) Marie Gras, d'une famille originaire des environs de Saint-Gerand-le-Puy.

(4) Cette Jeanne Vichy fut la première femme d'un Jean-Louis de Grimaud, seigneur de Servé, dans la paroisse de Saint-Voir (canton de Neuilly-le-Réal), auteur du crime que relate la note suivante, extraite d'un registre paroissial de Sorbier (can-

çoise Favier femme a François Goyard dit Terpellant
et son parrin Pierre Fonguarnand couzin germain des
pere et mere pour lors metteyer cheulx Bonnet auquel
lieu ladite Jehanne est née et a esté baptizée part
vénérable et discrette personne Mr Gilbert du Merit,
M^e *aux hazards* (1) prestre curé de Behe faict lesdits
jour et an susdits en foy de quoy j'ay signé

B. GOYARD

♣ Le cinquiesme jour de febvrier 1634 qu'estoit
ung jour de dimanche environ sur les deux heures
après midy dame Marie de La Doyre veufve de
Me Phellibert Allex decedda au lieu des Bonnets laquelle avoit demeuré l'expasse de quinze mois mallade
estant audit lieu des Bonnets estant servye et assistée
de Blaise Goyard son gendre et de Benoiste Allex sa
fille femme dudit Goyard et feust le lendemin enterrée
dans l'esglise de Behe aux tumbes de Ble... part la
permission de noble Anthoine Vichy seigneur de
la Besche luy estant a son convoyst avecq Mr Pierre
de Ladoyre son frère Mes Anthoine et Bastien Chenal

---

ton de Jaligny) : « Aujourd'hui, premier d'avril (1683), a été
enterré dans l'église de Sorbiers messire Louis Fournier, curé
dudit lieu, qui fut tué par un assassin le jeudy saint après avoir
fait l'office proche la croix de la Mission, dans le grand chemin,
environ à cinq heures du soir, le trente mars. » Ce Grimaud paya,
d'ailleurs, de sa tête son lâche forfait ; il fut jugé à Mâcon et
condamné à la décapitation. (*Les Fiefs du Bourbonnais.*)

(1) Maître ès arts (?).

ses neveux M⁰ Benoist Parreau de Saint-Ligier et plusieurs autres personnes.

B. GOYARD

✦ Le dimanche vingt uniesme may 1634 mil six cents trente quatre Anthoine Goyard mon fils s'en allast a Treizeil en aprentissage de tanneur et courdonnier avec M⁰ François Allex M⁰ tanneur et courdonnier.

✦ Est a remarquer qu'en l'année 1634 au mois de octobre Monsieur frère du roy revint en France du païs des halmaanes et autres païs estrangers ou il estoit allé après la bataille donnée au Languedoct que sy devant est dict craignan d'avoir offencé le roy au moyen duquel retourt touttes choses furent passiffiées et feut le roy fort joyeux dudit retourt et fust fait de grandes réjouyssances a Paris et est a noter que Monsieur revint desdits païs ou il estoit part ruzes sans que ceulx qui le gardeoient sen prins guarde, assisté de sont sixiesme entre lesquels estoit monsieur de Puy Laurent (1) qui avoit toujours esté le plus pres de sa personne.

✦ Notta que Claude Goyard fils a Blaise sortit d'avecq messire Phellippe Jay prestre curé de Sorbier

---

(1) Antoine de Laage, duc de Puylaurens, favori de Gaston d'Orléans. Il fut l'agent du cardinal de Richelieu, pour cette réconciliation de Gaston avec le roi, son frère, qui fait l'objet de la remarque de Blaise Goyard.

ou il estoit a l'escolle le judy vingt sixiesme jour de decembre mil six cents trentre quatre por s'en aller demeurer au Donjon avecq madame Jolly por aller a l'escolle avecq monsieur Foyton.

❧ La mesme année 1634 fault remarquer qu'il c'est fort peu reculhy de bled en beaucoup d'androits et neanlmoins n'est poin en chery au Donjon por cella ne valleust que dix sols jusque a noel de la dite année.

❧ Il sera aussy remarqué qu'il s'est reculhy assez de bonnes vandanges en ses païs et s'est payé le vin au prix de douze et treize livres.

❧ En la dite année 1634 fust grand quantité de gland en ces païs et les porceaulx gras a sy grand marché qu'on les avoit veu il y a plus de trente ans.

❧ En la ditte année 1635 monsieur de sainct gerant (1) fils de monsieur le mareschal de s¹ gerant dernier mort fust créé gouverneur de Borbonnois et fist son entrée a molins le dimanche devant le dimanche gras onziesme de febvrier au dit an 1635 ou il y fust faict grand trionffe et grand assemblée.

❧ En la ditte année mil six cents trente cinq le roy fist publier le ban et arrière ban part toutte la

(1) Claude de La Guiche Saint-Geran, fils du maréchal de France, Jean-François de La Guiche, auquel il succéda comme gouverneur du Bourbonnais.

france por aller alla guerre en Lorraine et aux Allemagnes.

✤ En la mesme année 1635 il se reculhyt assez de bonnes moyssons et bonnes vandanges le bled soigle neanlmoingts valloit huit et neuf sols la couppe au Donjon le froment quatorze et quinze sols.

Le vin en vandange valloit quatorze livres seize livres vingt livres le tonneaud.

✤ En la dite année 1635 ne fust pas grand glan en ses quarthiers et les pourceaulx a ville prix comme aussy tout le reste du dit bestal.

✤ Il fault notter que du cousté de Lenax du Bouchault qu'il y avoit grand quantité de gland ou ils y firent grand proffict et alla fin les pourceaulx gras se vandoient grandemen et furent des marchands du cousté de Paris qui les vindrent achepter jusque au mois de juyllet.

✤ En la dite année 1636 est a noter que la veille de St Pierre, en juin qu'estoit ung samedy il fist une sy grande horisse de vend qui continua trois ou quatre jours qu'il pensça gaster tous les bleds qui estoient posés sur les turaulx (1) et alloposite du vend lequel vend en beaucoup d'androit battyt et esgrena plus des trois quards du bled et fust presque general

(1) Sur les hauteurs.

pour tout le monde en ceste paroisse de Béhe. Il fist grandement du mal du cousté des Bessons des Borachots et des Charnaits.

Ladite année les moissons ne furent pas tant bonnes tant à cause du dit vend que d'une grande sechereses qui fist despuis le mois d'apvril jusque acpres la St-Jehan qui nuict grandement aux bleds speciallemen a ceux des terre∂ ∂s gravoches (1) et petits terroirs le bled soigle en cherit en moisson et vallust onze sols.

♣ La mesme année je fist refaire le pignon du mollin Bonnet du cousté de nuict qui estoit tombé il y avoit deux ans et ce fust Jehan et Mayet Lyvoire M^e talheur de piere nepveu de Me Mayet Lyvoire lequel pignon me cousta tant pour avoir tyrert les quartiers que por le prixfet de le faire fer argent soit trente quatre livres dix sols, une quarte soigle et cinq livres de lard Il y fust employ trois tonneauds de chault.

♣ La mesme année le bled ne fust pas cher jusqu'en moysson daultant qu'il ne valloit que huit neuf sols jusque en moysson qu'il vallust onze sols le fromen vallust jusque a dix huit sols. Le vin vallut vingt frants le tonneaud.

♣ Vers la fin de la dite année 1636 le bled en cherit et vallut jusque a quinze et seize sols.

♣ La dite année les pourceaulx gras ce vendirent

---

(1) Graviers.

a hault prix et tiroient du cousté de Lorrayne au moyen de quoy il y heut des marchands qui firent grand proffict.

✠ En la dite année 1637 il fist une grelle ung jour de vandredy au mois de juyllet qui commança sur St Gerant le puy et continua jusques a Diguoin et passa sur Trezeil, partie de Varennes sur Tesche et sur partie de la paroisse de Behe du cousté de la Besche qui gasta grandemen le metteiers du dit bien de la Besche et leur vignes et toute la mache (1) en ce que n'avoit esté moissonné.

✠ En la mesme année le bled vallust quinze sols jusques en moysson et aux moyssons revint a douze sols et puis a dix sept sols jusque a noel.
Le vin vallust seize et jusque a dix huit livres le tonneaud.

✠ En la dite année au mois de décembre il passa environ neuf ou dix mille hommes part ses païs qui vindrent du cousté de Marcigny et montèrent par les montagnes du cousté d'arpheulhe et dessendirent du cousté de Sainct Germain, de Billy et Varesne sur hallier et jusque tout au tourt de Molin por heulx mestre en garnizon au dit Molins. Mais les habitants du dit Molins compozarent avec heulx jusque alla

(1) « Et toute la mache » c'est-à-dire : et (fut) toute la (récolte) mâchée....

somme de quarante cinq mil livres por empescher la
dite garnizon et cella feust en desdain que les habitans
du dit molin n'avoient vollu payer ung emprun que
le roy avoit faict sur touttes les villes abonnées tellement
qu'il falheut encore payer ledit emprunt jusque a la
somme de quarante cinq mil livres et est a notter que
la dite harmée sy dessus spécifiée fist de grands
maulx et exerçoit touttes sortes de cruauttés part ou
ils passoient (1).

✤ Ce fault souvenir qu'en la dite année 1637 j'ay
faict commencer de faire bastir deux chambres basses
au lieu du Bouquet situé au bas du bourgt de Behe
et que celle du cousté de la nuit et de cheulx paret
le premier feu y feust mis dans le dit lieu le propre
jour de Noel par Marie et Jehanne Goyard mes filles.

✤ Est a notter aussy qu'en la ditte année ung
nommé Jacques Fayette habitant de ceste paroisse de
Behe fust conduict dans la consiergerie de Molins
part les sergents des tailhes por certin harrerage qu'il
debvoit d'un quartier de talhe qu'il avoit levé dans la
dite paroisse de Behe en l'année 1635 duquel il
restoit la somme de quatorze vingts livres. Dans
laquelle consiergerie il morut au mois de décembre
environ huit jours devant Noel.

✤ Le dit Claude Goyard est allé demeuré avec

(1' Voyez, à propos de ce passage de troupes, *Remarques préliminaires*, p. 24.

Me Sebastien Chenal le june fermier de la seigneurie de Chaveroche le vingt sixieme febvrier 1638.

✤ En la dite année 1638, le bled a vallut tout au long de l'année quinze sols la couppe mesure le Donjon por le vin il feust en assez bon marché et ne vallust que jusque a vin livres le tonneaud.

La guerre a toujours continuée comme les années précéd:.n:.s.

Les moyssons ont esté assez bonnes en des endroits.

L'avoyne a vallust toutte la dite année dix sols le retz jusque aux moyssons quelle ravilla (1).

Il n'y a heu aulcuntz fruicts en ses païs de quelque nature que ce soit.

✤ En la ditte année mil six cents trente neuf le froment a vallust toute l'année dix huit sols, dix sept sols et la seigle quinze sols, xiii sols et puis sur la fin de l'année dix sols et le fromen douze l'avoyne cinq sols et alla fin de l'année trois sols. Le vin a esté grandemen cher despuis les vandanges d'aultant qu'il a vallust jusque a sept escus le poinsson. Il n'y a heu aucung fruit en ses quartiers de quelque fruicts que ce soit la livre d'huille de noix a vallust sept sols la livre.

Les guerres ont toujours estés fort rudes.

Les succides (2) ont estés très grands sur le pauvre

_____

(1) Diminua.
(2) Subsides.

peuple de plusieurs façons scavoir une talhe et des subsistances qu'ont levoit pour l'entretient des harmées les sergents des talhes prenoient le bestail du pauvre peuple.

En 'a dite année il n'a esté aucung gland en tout ce climat et les pourcaulx gras furent grandement cher.

♣ En la dite année 1640 le bled a esté a bon marché depuis le commencement d'icelle jusque après moyssons et ne valloit que huit sols et après moyssons vallust au Donjon dix sols onze sols la couppe alla Palisse quatorze sols quinze sols le quarton.

Le vin fort cher cinquante livres le tonneaud.

Il est a noter qu'il n'y a heu aulcun fruit en ce païs de quelque nature que ce fust. Les moyssons ont estés fort difficille a faire comme aussy les sepmailhes.

♣ Se fault souvenir aussy qu'en la dite année 1640 il arriva ung grand scandalle en la ville de Molins et mesme au faulbourgt d'alhyer ou il feust tué des gens qu'on nommoit maltotiers (1) qu'estoi

(1) Une curieuse pièce de procédure, relative à cette émeute, accompagne les cahiers domestiques qui nous occupent. Elle concerne un des malheureux « maltotiers » dont parle Blaise, et, incidemment, mentionne un épisode de ce soulèvement, qui coûta la vie à un bourgeois de Moulins, sergent de la milice urbaine, François Paradis, dont la famille eut, plus tard, des attaches avec celle de nos annotateurs. Cette pièce éclaire l'affaire d'un jour trop pittoresque pour que je n'en donne pas la reproduction, en entier.

« Il est ainsy qu'en l'année 1640, Jacques puische commis

por lever certaines taxes sur touttes marchandises
et en fust tué six ou sept part les habitants du dit
faulbourgt et estoit pour lors gouverneur du Borbonnois monsieur de St-Gerant lequel en fist pandre

à la levée des taxes faictes sur les riches et aydes de la province
de Bourbonnois fut tué en la ville de Molins avecq autres ses
assistans. De laquelle mort plusieurs habitans de lad. ville furent
accusés.

« Peu de jours après ledit assassinat, plusieurs desdits accusés
qui avoient quelque autre mauvais dessein, les armes en main et
le tambour battant, vouloient entrer dans la ville et forcer les
portes.

« François Paradis qui estoit sergent du quartier et proche la
porte d'Allier, fut commandé par ses officiers de prendre son
allebarde et advertir des particuliers et habitans de prendre les
armes pour s'opposer au dessein desd. fectieux, ce qu'il fit et fut
tué en cette occasion.

« En l'année 1641, defunct messire Dupré maître des Requêtes
fut commis par sa majesté pour aller en lad. ville pour informer
desd. assassins, à faire le procès aux coupables, lequel informa
contre tous les accusés et coupables, et sur les informations il
rendit plusieurs sentences avecq les présidiaux de Sainct-Pierre-
le-Moustier dont il y en eust plusieurs exécuttés à mort et parce-
qu'il y en avoit plusieurs desd. coupables qui s'estoient absentés,
ils furent tous condamnés à mort et suivant icelle furent effigiés.

« Depuis les susd. jugemens, sa majesté qui avoit rendu tous
les habitans de la ville responsables desd. assassins et vol... leur
donna ses lettres d'absolution et pardon, à la charge des dom-
mages-intérêts de la vesve dud. Puesche. Lorsqu'ils furent liquidés
à une somme notable pour le payement desquelles elle faisoit user
journellement de contrainte contre tous les habitants de la ville
indistinctement, soit contre les coupables et innocents.

« Les habitants de lad. ville qui n'avoient point contribué à ce
mauvais acte ont faict rendre arrets par lequel ils sont deschargés
de payer aucune chose à la vesve dud. Puesche sauf à elle à se
pourvoir contre les coulpables compris aux sentances rendues
par le sr Dupré et pour ce effect qu'il en seroit faict un roolle de
taxe entre eux... » *(Archives départementales de l'Allier.)*

deux dudit faulbourgt dans le chasteau de Molins.

✤ La dite année la guerre a toujours continué et est a noter que la ville d'Haratz (1) fust prinze part le roy de france.

✤ Par le moyen de ce que ce fist en la ville de Molins qui estoit ung grand tumulte monsieur de la Besche (2) le june fust grandement blessé part ceux du faulbourgt d'alhier lors qu'il tuarent les maltothiers porce qu'il estoit premier echevin de la dite ville de Molin et il y voullust aller por empescher le tumulte.

✤ En la dite année 1640 il y a deux ou trois régiments en guarnison et qui logera part tout tant dans la ville que les faulbourgts.

✤ En la dite année 1640 le pauvre peuple fust grandemen fatigué des succides de talhes de subsistance et aultres gabelles.

✤ En la dite année 1641 le bled vallust au commencemen de la dite année jusque a dix sept et dix huit sols au mois de mars il vallust quatorze sols.

✤ Ce fault souvenir qu'en la dite année, le 14° de mars 1641 ma pauvre femme decedda (que Dieu absolve) et fust enterrée dans l'esglise de Behe soubz

---

(1) La ville d'Arras, dont les Espagnois s'étaient emparés.
(2) Vichy, sieur de la Bêche.

la tombe au millieu de la nef de l'esglize. Dieu la
veulhe en sont paradits.

✤ Aujourd'huy xx° d'apvril 1641 est deceddé
vénérable personne M° Gilbert Dumayt prestre curé
de Behe. Est déceddé en la maison de la malguarnyst
parroisse de Behe. Lequel avoit demeuré curé de la
dite paroisse de Behé l'espace de quinze ans et a
esté enterré au devant le cruxilfit dans la dite esglise
de Behe proche la tombe de la Besche assisté a sont
enterremen plusieurs gents d'esglise et cordelliers (1)
et quelques uns des habitants et de moy soussigné.

B. GOYARD.

✤ Nota que Anthoine mon garcon le tanneur est
sorty de cheulx M° francois Allex le jour s^{te} croix de
may 1641 por aller demeurer avecq M° Loyzeaud
taneur a Molins et party le dimanche des rogations.

✤ Recepte por faire onguant por le mal des jambes
ou coupeure.

Premièrement fault prandre de la perilsine (?) ung
peu du suy (2) de bouc de la cire nesve, de la gresse
blanche de porceaulx aultremen de l'aune blanche,
du burre, et de luylle de noix puis de l'erbe appellee
du baulin (?) de la mesme sauge du remarain (3) et

---

(1) Les cordeliers du Donjon.
(2) Suif.
(3) Romarin.

le tout faire boulhir ensemble jusque ad ce qu'il est fondu.

✤ Recepte por estancher le sang quandt on soigne pour les netz fault prandre des hourtihes (1) et les fricasser avecq du bon vinaigre et l'appliquer sur le front en facon de bandeau de celluy qui part sont sancg et le continuer souvant jusque ad ce qu'il sera bien estanché.

✤ Recepte por faire dormy ung mallade attin du maul chault (2) fault prandre de luylle dollif avecq du bon vinaigre et le faire chauffer un peu en appres le bien battre ensemble et en faire apres ung bandeau sur le front du mallade por le faire repozer.

✤ Recepte pour faire ung breuverge por le bestalh quant il est mallade premièrement fault prandre du percy de la sauge de l'erbe de la rue trente deux grains de genevre des aux environ une teste, fault puis apres une rotye de pain bien roty avecq du vin et du vinegre, du sel.

Plus sy ont recognoist que le bestal soit attin de mal dangereux c'est a dire de peste il faudra achepter cheulx un appotticaire quatre ou cinq grains d'anti-moyne et puis le piller dans ung mortiher et apres le getter dans le brevage qui sera faict de tout ce que

(1) Orties.
(2) Mal chaud : fièvre chaude.

dessuz est dict et s'il arrive qu'il sorte quelque bosse ou
enfleure, en quelque endroi alla beste, il faudra
prandre un batton de bois de couldre (1) et bien frotter
la dite enfleure et cella ce fondra.

✠ Le vingt quatresme de febvrier mil six cents
quarante deux Phellibert Goyard mon fils espousa
Jehanne Chartier fille a M° Martin Chartier et a dame
Jehanne Brirot ses père et mère et fust faicte l'assemblée des nopces au lieu des Bonnets ou il y heust
une belle assemblée. En foy de quoy j'ay signé ce
jourd'huy troisiesme jour de mars au dit an 1642.

B. GOYARD

✠ En l'année 1642, le bled vallust jusque a vingt
cinq sols au Donjon. Le fromen jusque a trente sept
sols le vin fust cher toutte l'année jusque aux vandanges et valloit part les logis au Donjon et au plat
païs jusque a dix sols la quarte et huit sols communé-
mert part tout.

✠ En la mesme année le roi passa part ce païs
avecq beaucoup de peuple pour aller alla cathelogue (2)
au siège de Parpignant. Son armée passa partye
part la Bourgogne et partie par la montagne du
cousté du Bruet (3) et vivoient par estappe et passa

---

(1) Bois de coudrier.
(2) Catalogne.
(3) Le Breuil (canton de La Palisse).

au mois de may et de juin avecq monsieur le cardinal de Rochelieu.

Le roy s'en retourna au mois de juyllet en suivant et descendit part eau despuis Royne.

Au mois d'aoust ensuyvant monsieur le chancellier monta allion (1) avecq force peuple. L'on na peu scavoir que c'estoit affaire.

✠ En la dite année les moissons furent assés bonnes Dieu soit loué hors que les bleds ce trouverent gatté d'une gellée du printemptz qui en a gatté grandemen en des androits et mesme du cousté de la bourgogne.

Le bled a vallut la dite année 1642 le bled vallut au Donjon jusque a xxv sols et aprés les moyssons au mois d'octobre il vint a seize sols et dix sept sols le fromen a xxv sols.

Le vin vallut le poinsson xx livres et ce vandoit part les logis quatre et cinq sols la pinte.

✠ Est a notter que la ville de Parpignant se randit au roy la dite année qui la jouist de present.

Et apres la reduction de la dite ville de parpignian le roy assiegeha une ville nommée Saragousse (2) ou il laissa une forte armée sur laquelle armée les espagnols firent ung rancontre des françois auquel rancontre il fut faict ung grand eschet de perte de

(1) A Lyon.
(2) Saragosse.

soldats et braves hommes d'une part et d'aultre, néanl-
moins la place demeura au françois. Monsieur de Bol-
lettière (1) y a esté tué.

✤ Nota que monsieur le cardinal de Rochellieu
qui avoit sy longtemps conduict les harmées en france
décedda le quatriesme de décembre 1642 estant à Paris.

✤ Fault souvenir qu'en l'année 1642 nous avons
faict faire une roue a nostre molin et ce au mois de décembre de la dite année 1642.

✤ Nota qu'en l'année 1643 le roy Louys treiziesme
de ce nom morut a paris au mois d'apvril lequel
avait reigné l'esspasse de trente ans et avoit heu de
grands guere sur les bras et faict la guerre durand sa
vie tant contre les huguenaux que contre le roy d'Espagne et tout aussy tost apres sa mort monsieur le
dauphin sont fils fust créé roy qui estant en laage de
six a sept ans la royne sa mère fust déclarée régente.

La dite année 1643 le bled fust cher toutte
l'année et vallust la soigle jusque a vingt cinq sols au
Donjon et le fromen jusque a trente cinq sols. Le
ving fust aussy cher et vallut jusque a quarante huit
livres et cinquante le tonneaud.

(1) De Biotière (?)

Ici finit le journal domestique de Blaise Goyard. Le dernier *raisonneur* de la famille, Jean-Joseph Goyard, a laissé des notes généalogiques, où l'on trouve la date de la mort de Blaise, dans un résumé d'*état-civil*, qui servira de conclusion à cette première partie du *Livre de Raison des Goyard* : « *Blaise*, fils de *Gilbert Goyard* et d'*Antoinette Fongarnand*, fut baptisé le 24 juillet 1568 en la paroisse de Bée. Il fut procureur d'office en la Châtellenie de Chavroche, en 1608. Avant 1611, il épousa *Benoite Allex* dont il eut huit enfants, savoir : *Philibert, Antoine, Jean, Blaise, Claude,* autre *Blaise* deuxième du nom, *Marie* et *Jeanne*. Il mourut le 12 septembre 1643 et fut enterrré en l'église de Bée, proche l'autel s^t Roch, âgé de 75 ans deux mois et 8 jours, veuf du 14 mars 1641. »

PHILIBERT GOYARD

Après la mort de Blaise Goyard, Philibert, son fils aîné et son successeur, prit, avec respect, la plume tombée de la main paternelle, et continua, scrupuleusement, à tenir le journal de la famille.

Ce Philibert, — les notes de son père en font foi, — était né en 1611. Il avait épousé, en 1642, Jeanne Chartier (1), d'une famille assez marquante, originaire de Sorbier.

Philibert fut « juge à Quirielle (2) et procureur

---

(1) Cette Jeanne Chartier était fille de Martin Chartier, « capitaine de Jaligny » et de Jeanne Brirot. Son frère, François Chartier, « officier de la grande fauconnerie, avocat en Parlement » fut encore « baillif et capitaine de la ville de Jaligny, et lieutenant particulier en la chatellenie de Chaveroche » (d'après une note de Jean-Joseph Goyard).

(2) Fief dans la paroisse de Barrais.

d'office en la chatellenie de Chaveroche » (1). Cependant, ces petits offices, peu absorbants, sans doute, ne lui firent pas négliger sa profession d'agriculteur. On le trouve même, en 1647, fermier de Châtelperron (2) qu'il habita longtemps.

Comme son père, dont il fut, d'ailleurs, l'imitateur singulièrement fidèle, il eut huit enfants. Mais, sur ce nombre, Mme Goyard ne lui donna qu'un fils, François.

Il est fort intéressant d'observer le soin qu'il prend de l'éducation de ce fils, et les sacrifices qu'il fait, pour cela.

On le voit, en 1657, mettre le jeune François, alors âgé de 9 ans, en pension « cheu monsieur du Peroux prestre curé de nostre dame de Laurette aux Gouttes » (3). Le prix de la pension « pour norriture et ainstruction » était de quatre-vingt livres par an.

Mais, en 1660, Philibert prend un grand parti. Il retire « son garçon » de chez le digne abbé du Peroux, et le mène « à Molins a l'escolle pour le

---

(1) Note de Jean-Joseph Goyard.

(2) Commune du canton de Jaligny.

(3) Le château des Gouttes (commune de Thionne, canton de Jaligny) possédait une chapelle, placée sous le vocable de Notre-Dame de Lorette, qui avait été construite, en 1563, par Lionnel Raquin, seigneur des Gouttes. Quatre ans plus tard (1567), cette chapelle fut érigée en paroisse par bulle du pape Pie V. (Voyez : *Les Fiefs du Bourbonnais.*) Le musée de Moulins conserve un bas-relief en pierre d'un assez bon travail, représentant la maison de la Sainte Vierge portée par des anges, qui décorait le tympan de la porte de la chapelle.

faire aprendre du latin et a escripre ». Il fait,
d'abord, un arrangement avec un certain « Guilhomme
qui demeure proche les Minimes », auquel il promet
« pour mois vingt cinq sols », et donne, généreu-
sement, « 30 sols d'espingle ».

L'enfant est logé et nourri chez une cousine de son
père, nommée « Vaumas », moyennant la somme
annuelle de cent livres, sur laquelle somme la bonne
dame reçoit « part advence » neuf livres.

Cependant, l'arrangement avec M. « Guilhaume »
est provisoire ; conclu au mois de juin, il doit, simplement, permettre au jeune François d'attendre,
sans perdre son temps, la rentrée des classes chez
les Jésuites. Et, en effet, le 18 octobre suivant, Philibert met le jeune François « a l'escollé aux Jesuistes.
Lequel jour », ajoute-t-il, « je luy ay achepté un
manteau qui m'a cousté xiii livres et un chapeau,
quarante cinq sols ».

Enfin, en 1667, l'adolescent ayant terminé ses
classes, son père qui, décidément, ne négligeait rien
pour parfaire son éducation, le plaça « chez monsieur Vernois procureur à Molins, moyennant la
somme de cinquante escus par an et dix livres d'e-
pingle ».

Alors, Philibert Goyard habitait Bert. En 1661,
après un séjour de quatorze ans à Châtelperron, il
s'était réinstallé, avec son « ménage », dans sa
maison des Bonnets, dont il avait modernisé les
vieux murs.

De retour au gîte, il reprend, avec exactitude, les habitudes de son père. Il y tient, scrupuleusement, son journal, selon le rituel de défunt Blaise, qui, véritablement, revit en lui. C'est bien le même chef de famille, mystique à sa manière, le même rural convaincu, qui s'acquitte de ses obligations et de ses charges, comme d'un sacerdoce.

Il se considère, volontiers, comme tenant sa mission de Dieu. Son attitude à l'égard de son curé, seul voisin, seul habitant du bourg dont il s'occupe, en dehors de sa famille, montre bien ce sentiment. Il y a, manifestement, dans l'intérêt qu'il porte à cet autre missionnaire divin, un peu de la solidarité professionnelle que l'on se doit, entre confrères. Ne le voit-on pas, un jour qu'il assiste à l'installation à Bert, d'un nouveau curé, « Mr Boullé », brave Auvergnat, mal pourvu en mobilier, se dessaisir, en sa faveur, d' « un chalit en bois de chesne » ? Il est très intéressé, d'ailleurs, par tout ce que fait « Mr Boullé » pour son église. Par exemple, il écrit, d'une plume approbatrice, que le curé « a a porté un soleil pour porter le bon Dieu qui est d'argent qu'il a prains à Clermon qui a cousté quarante cinq livres ». A la vérité, cette acquisition le touche doublement, parce qu'elle a été faite avec le « ... revenu de la fabrique rendu de compte » ajoute-t-il « part les héritiers de mon frère Mr Anthoine Goyard ».

Pratiquée ainsi, comme une religion, l'autorité absolue du père n'était pas seulement acceptée, mais

honorée. Chez lui, Philibert est tout, à lui tout seul.
Sa famille accepte, sans discussion, la discipline qu'il
impose. Sa femme est confinée dans ses fonctions ma-
ternelles. Elle met au monde des enfants. C'est là
son emploi, auquel, d'ailleurs, elle se consacre en
conscience. Ses filles ne sont mentionnées que dans
de laconiques formules d'actes d'état civil : elles ne
comptent pas. Seul, son fils, son héritier et continuateur, compte dans la maison. Et chacun, autour du
patriarche, se soumet à la condition qu'il lui impose.

Ce souverain absolu s'éloignait peu de son petit
royaume. Il ne se déplaçait guère que pour aller aux
foires du Donjon et de La Palisse. Et ces dépla-
cements sont marqués, sur son carnet, par un surcroît
de nouvelles locales, ou d'informations politiques,
souvent fort intéressantes. Celles-ci se mêlent, dans
un désordre pittoresque, aux remarques agricoles,
aux observations sur les phénomènes célestes, et à
certaines recettes de remèdes, qui sentent, quelque
peu, le fagot.

Le digne Philibert mena cette vie omnipotente et
unie jusqu'au 12 septembre 1672, date de sa mort.
La dernière note de son journal mentionne une pieuse
libéralité. Il avait fait exécuter, à ses frais, au mois
de mars précédent, « le ballustre du cœur de l'esglise
de Ber tant de pierre que de bois et encore la chaire »,
moyennant la somme de 18 livres.

Journal de Philibert Goyard.

Aujourd'huy dix septiesme may mil six cents quarante trois a esté baptisée marie Goyard fille a philibert Goyard et Jehanne charthier ses pere et mere et a esté son parrain m⁰ martin charthier et mareine dame marie griffet (1) assisté de dame françoise Brirot (2). En foy de quoy j'ay signé le jour et an que dessus.

GOYARD.

Fait par moy recteur de Bhé.

N. GOUBY.

✠ Aujourd'huy dousiesme septembre 1643 est décéddé M⁰ Blaise Goyard mon père et a esté enteré en l'esglise de Behé part messire n. Gouby presire lors vicaire dudit Behé et a esté mis et enteré proche i'autel de sainct Roc tout proche la tombe ou défuncte

(1) Vraisemblablement, de la famille marquante des Griffet, originaire de Billy, qui a fourni plusieurs écrivains distingués.
(2) D'une bonne famille bourgeoise, originaire de Chavroche.

Benoiste Allex ma mere avoit esté enteré faict les jour et an que dessus.

GOYARD.

✤ Aujourd'huy vingt cinquiesme février mil six cent quarante cinq a esté baptisé Jehanne Goyard fille de philibert et Jehanne charthier ses pere et mere et a esté son parrin messire francois chenal prestre curé de Behé et maroine Jehanne charthier femme a benoist pere dudit charthier faict les jour et an.

GOYARD.

✤ Le 3ᵉ de juin 1646 Mᵉ François charthier c'est marié avec dame Ister (Esther) Preuvereaud (1) sa femme lequel s'est faict à Cerillez comme en estant fermier dans la paroisse de sainct...

✤ Aujourd'huy dixiesme octobre mil six cent quarante six a esté baptisé anthoinette Goyard fille a philibert Goyard et Jehanne chartier ses pere et mere et a esté son parrin Mᵉ Anthoine Goyard son oncle et maroine dame Ister (Esther) Preuverau femme audit francois chartier sa tante assistée de Mʳ Martin chartier. Jehanne chartier et autres faict les jour et an. En foy de quoy j'ay signé.

GOYARD.

(1) Peut-être faut-il lire Préveraud, d'une notable famille, anciennement fixée dans le Donjonnais.

✤ Aujourd'huy dixiesme octobre mil six cent quarente huit entour l'heure de minuit est né francois Goyard fils de philibert et de Jehanne chartier ses pere et mere et a esté baptisé le onsiesme dudit mois et an et a esté son parrin M⁰ Francois chartier procureur d'office de chastel peron son oncle et maroine damoiselle Jehanne Vichy assisté de M⁰ Anthoine Goyard et marie Goyard et autres faict les jour et an.

N. GOUBY. GOYARD.

✤ Le 23ᵉ novembre 1649 M⁰ Pierre Buraud m⁰ chirurgien du bourg de sainct Léon a espousé marie Goyard ma sœur faict lesdits jour et an.

GOYARD.

✤ Aujourd'huy huitiesme may mil six cent cinquante un entour l'heure de midy est né pierette Goyard fille de philibert Goyard fermier de chastel peron y demeurant et de Jehanne chartier ses pere et mere et a estée baptisée le neufviesme dudit mois et an et a esté son parin piere Buraud m⁰ chirurgien son oncle et mareine Jehanne Goyard sa tante.

GOYARD.

✤ Nota que lonsiesme dudit mois la dite pierrette Goyard sy dessus nommée est deceddée et a esté enterrée dans l'esglise du dit chastel peron proche l'autel de messieurs des Escures (1) faict lesdits jour et an.

N. GOUBY.   GOYARD.

✤ Aujourd'huy vingt uniesme jour de novembre mil six cent cinquante deux jour de la présentation nostre dame entour l'heure de midy est née charlotte Goyard fille de Phillibert Goyard fermier de chastel peron y demeurant et de Jehanne chartier ses père et mere et a esté baptisée le vingt quatrieme dudit mois et an dans la chapelle du chastel de Marce-lange (2) et a esté son parrin Me Claude Goyard son oncle et mareine damoiselle charlotte des Escures veufve [de] feu Jehan de Molle escuier sieur de Mar-celange, Foullon et le merit assistés de pierre Buraud M^e chirurgien demeurant a Vosmas (3) oncle de ladite charlotte et de Jehanne Goyard michelle chartier ses tantes faict lesdits jour et an.

N. GOUBY.   GOYARD, père.

✤ Aujourd'huy seisiesme aoust mil six cent cin-quante six est née francoise Goyard fille a Me Phili-bert Goyard procureur d'office a chastel peron et a Jehanne chartier ses père et mere et a esté baptisée le 17 dudit mois sur les fonts baptismaux dudit chastel

---

(1) Noble famille, dont un membre, Philippe des Ecures, se signala par son dévouement au connétable, Charles de Bourbon. Le château des Ecures s'élève sur la paroisse de Châtelperron.
(2) Dans le canton de Jaligny.
(3) Vaumas, commune du canton de Dompierre.

peron part messire N. Gouby prestre curé dudit lieu et a esté ses parrin Mᵉ Blaise Goyard son oncle et mareine dame françoise Benoi femme a Mᵉ Jehan Pauchet faict ledit jour et an.

N. Gouby.   Goyard.

✤ Nota que le 15ᵉ octobre 1756 nous avons mis en norrice nostre petit francois aux Barduin.

✤ Le ixᵉ fevrier 1657 maistre François chartier mon beaufrère baillif et capitaine de la ville de Jalligny est allé demeuré au chastel du dit lieu comme capitaine dudit lieu faict ledit jour et an.

✤ Nota que le dix septiesme avril 1657 j'ay mis francois Goyard mon fils en penssion cheu monsieur du peroux prestre curé de nostre dame de Laurette aux Gouttes (1) moiennant la somme de 4xx (80 livres) pour un an pour norriture et ainstruction faict a chastelperron le dit jour et an.

Goyard.

✤ L'année 1657 au mois de mars avril et may les tailles ont estee amassées par les gens de guerre dans le bourbonnois pour ladite année 1657 et 1656 lesdits gens de guerre estant hirlendais escaussois et allement. Lesquels ont faict grand degast et emmené quantité de bestail pour le payement des cottes des contribuables faict ledict jour.

---

(1) Voyez p. 71, note 3.

✚ Le sixiesme jour d'aoust audit an 1657 aux gouttes j'ai donné a monsieur du peroux prestre curé des gouttes la somme de vingt livres pour un quartier de la pention de françois Goyard mon fils eschu au x7e (17e) juillet 1657 de laquelle somme il m'a sinié quittance.

✚ Nota que la dite année et au mesme temps un nommé Blainville capitaine dans le régiment de Lespine Beaureguard c'est tué part une chutte de son cheval revenant de Barrais a Behe le lundy de pasque xve avril 1657 et a esté enterré dans l'esglise de Behé dans la chapelle sainct anthoine la ou il a esté assisté part ses cavalliers françois qui estoient logés dans ladite parroisse de Behé et a esté faict beaucoup de bien dans ladite esglise par les héritiers dudit deffunct qui estoi de perche en normandie faict ledit jour et an.

GOYARD.

✚ L'année 1658 j'ay faict racommoder la bresche de l'estang Besson a l'endroit de la bonde qui ma cousté 4 xxx (90) livres et viii bichets de soigle mesure e Donjon faict ledict jour et an

GOYARD

✚ Le 20e avril 1658 j'ay donné à monsieur du Peroux curé des Gouttes quarante livres pour parachever la penssion de François Goyard mon fils dont il m'a donné quittance faict ledict jour et an.

✤ Le dict jour sy dessus j'ay faict marché avecq ledict sieur curé pour six mois pour tenir encore mon garçon moyennant quarante livres lesquels six mois expirent an prochain terme de novembre 1658.

✤ L'année 1658 le 29ᵉ avril il est tombé grande quantité de nége qu'il y en avoit un demi pied par terre qui a bien gasté les bleds et les arbres qui estoient en fleur faict a Chastelperon le dict jour (1)

GOYARD

✤ Aujourd'huy saisiesme novembre mil six cent cinquante huit entour l'heure de cinq heures du matin est née Pierrette Goyard fille de Mᶜ Philibert Goyard et de dame Jehanne Chartier ses pere et mere et a esté baptisé sur les fonts baptismaux de l'esglisse de Chastelle peron part messire N. Gouby prestre curé dud. lieu le 17 dud. mois et an susdict et a esté son parin Mᵉ Pierre Buraut Mᵉ chirurgien de Vosmas son oncle et mareine Marie Goyard sœur de ladicte Pierrette faict le dict jour en an sy dessus au chastel dud. Chastel peron.

N. GOUBY, P. BURAUT.

(1) On constate encore la mention de cet hiver exceptionnel-lement persistant et rigoureux, dans cette note que j'ai relevée sur un registre paroissial de La Palisse : « Le 14 février 1658, il tomba tant de neige et il fit si froid que cela étonna grand nombre de personnes de La Palisse qui se sont trouvées dému-ples de bois. »

✤ Aujourd'hy tresiesme jour de decembre audit
an 1658 est deceddé ladicte Pierrette sy dessus et a
esté enterrée dans l'esglise de Sorbier dans l'esglise
dudict lieu et dans les tombes des Chartier proche la
grand porte faict les jour et an cy dessus

GOYARD.

✤ L'année 1658 au mois de décembre le roy
Louis 14ᵉ est party de Paris et est venu a Dijon ou il
a demeuré quinze jours et de la a Lion ou il a demeuré trois semaines, et de Lion a passé par La
Palisse (1) le jour Sᵗ Anthoine 17ᵉ fevrier 1659 ou il a
diné au logis de l'escu avec la reine sa mere et monsieur le duc d'Anjou son frère, et ledict jour est allé
couché a Molins au chateau. Le lendemain monsieur
de Sᵗ Geran (2) gouverneur de la province la traicté
avec la reine monsieur le duct d'Anjou et Made-
moiselle de Monpenssier. Lequel jour monsieur de
[illisible] lieutenant de la province a faict baptiser
[illisible] le roy a esté parrin et madame de Sᵗ Geran
mareine.

(1) Avec une petite différence de date, ce passage du roi à La
Palisse est confirmé par une note intéressante que l'abbé Souvaignat, curé de Lubié-La Palisse, a consacrée, dans son registre
paroissial, à l'auguste voyageur : « Le 14ᵉ jour de février, jour
de feste de Sᵗ Anthoine le Roy Louis XIVᵉ et la Reyne sa mère
et monsieur le duc d'Anjoux frère du Roy et Mˡˡᵉ de Montpen-
sier fille de monsieur le duc d'Orléans oncle du Roy ont déjeuné
à la Palisse au logis de l'Escu et ont donné la liberté a tout le
monde de les voir et ont donné aux religieuses hospitalieres de
la Palisse par ausmone 13 Louis d'or en presence du soubsigné. »
(2) Claude-Maximilien de La Guiche.

Ledict jour le roy a nommé monsieur Scury (1) fils de M^r de St Geran monsieur le compte de la Palisse au chastel de Molins faict a Chastel peron le 24e fevrier 1659.

GOYARD

♣ Le dernier jour de janvier 1659 Mre Claude de la Guiche seigneur compte de St Geran gouverneur du Bourbonnois est décédé au chastel de Molins (2).

♣ La dicte année les tailles ont esté amassées dans le bourg par les dragons du roy qui ont faict beaucoup de maux.

♣ La dicte année 1659 le jour St George sainct

---

(1) Notre journaliste désigne sous ce nom le jeune Bernard, fils unique de Claude-Maximilien de La Guiche et de Suzanne de Longaunay, sa femme. Cet enfant, victime de l'avidité criminelle d'héritiers déçus par sa naissance, avait été l'objet d'un rapt, dont les circonstances dramatiques sont connues par le long et retentissant procès qui était déjà en instance, lors de cette visite du roi.

(2) Le curé Souvaignat a consigné cette mort, en ces termes : « Claude de la Guiche, seigneur de St Geran, La Palisse, Jaligny, etc., gouverneur et lieutenant général au pays et duché de Bourbonnois, est décédé le dernier jour de janvier 1659 au chateau de Moulins. — Ses entrailles sont iuhumées à l'église des pères minimes de la même ville. Son cœur est donné en entier aux religieuses de Lapalisse et son corps est embaumé dans un cercueil en plomb posé au milieu du chœur de l'église de St Geran de Vaux, pour être transporté à la Palisse et y être inhumé quand il plaira à Madame. »

Marc et le lendemain il a faict grande gelée (1) qui a presque gellé tout les bleds les vignes et les noiers. Luille ne valloit que quatre francs le post et apres la gellée elle a vallust huict livres faict les jour et an.

G.

✠ Le xiii⁰ octobre 1659 messire Claude de La Guiche seigneur comte de S¹ Geran et gouverneur du Bourbonnois a esté prains dans son sercul audit S¹ Geran et condhuit dans la chapelle de la ville de la Palisse et a esté enterré le lendemain 14° dudit mois dans la *voste* de la dicte chapelle (2) au dessoubs de messieurs de Chabannes ses ayeuls faict ledict jour et an.

✠ Le xxi avril 1660 j'ay retiré des Gouttes mon garsson que j'ay amené à Chastel peron lequel jour j'ay donné à Mᵉ du Peroux son maitre 30 livres

(1) Relevé sur le registre paroissial de l'abbé Souvaignat : « Hiver rigoureux du 1ᵉʳ décembre 1659 au 1ᵉʳ mars 1660. — La gelée n'a pas discontinuée pendant tout ce temps. Il s'est vu des glaces ayant de deux et trois pieds d'épaisseur. »

(2) Ibid. « Le quatorziesme jour d'octobre mil six cents cinqᵗᵉ neuf le corps de haut et puissant sgr Mgr Claude de la Guiche décédé le dernier jour de janvier an susdit au chasteau de Moulins, cᵗᵉ de la Palisse, mᵉ de S¹ Geran, baron de Jaligny, gouvᵉ et lⁱ général au païs et duché de Bourbonnois a esté inhumé et ont assisté au service soixante et quatorze prebstres et trois religieux et la plus grande partie de la noblesse de la province et de messᵐ de Moulins et l'oraison funebre faicte par moy seul [Souvaignat]. »

pour reste de la pension des deux années qu'il a demeuré avecq ledict sieur du Peroux faict le jour et an.

❧ Aujourd'huy premier juin mil six cent soixante j'ay mené mon petit garçon a Molins a l'escolle pour le faire aprendre du latin et a escripre ou j'ay promis pour mois vingt cinq sols audit Guilhaume qui demeure proche les Minimes. Ledict jour j'ay donné audict Guilhaume 30 sols et 30 sols d'espingle.

❧ Le dict jour j'ay faict marché avecq ma cousine Vaumas pour norrir mon garçon a L. xxv livres par an en plus ay donné part advence la somme de neuf livres.

❧ Le sixiesme jour de juin 1660 a sainct Jehan du Lud en Espagne la paix generalle a esté faicte entre le roy d'Espagne, le roi de France et tous les princes crestiens et autres potentats et les deux rois se sont embrassés.

❧ Le dict jour le mariage de Louis xiiii roy de France a esté faict avecq l'infante d'Espagne assisté de la reyne mere monsieur le cardinal Mazarin et toute la cour.

❧ Le dix huitiesme octobre audit an j'ay mis François Goyard mon fils a l'escolle aux Jesuistes lequel jour je luy ay achepté un manteau qui ma cousté xiii livres et un chapeau quarante cinq sols.

✤ Le huitiesme mars 1661 monsieur le cardinal Mazarin est déceddé au *bois* de Vinssaine qui estait ministre de l'estat faict a Chastel peron le 17 dudit mois et an.

GOYARD

✤ Aujourd'hui huitiesme juin 1661 a Chastel peron j'ay donné a ma cousine Vaumas 14 livres pour parachever de paier l'année de pention de mon petit qui est a Molins chez elle laquelle année est espirée le premier jour du dit mois de juin dont elle me doilt donner quittance.

✤ Le xxᵉ septembre 1661 monsieur le prince de Condé a prains possession de la duché de Bourbonnois qu'il a eust du roy part essange a celle [d'Albret] (1) faict les jour et an.

✤ Nota que le 20ᵉ novembre 1661 je suis sortiz de Chastel peron ou j'avois demeuré puis le x3ᵉ juillet 1647 jusque au dit jour que je suis venu demeurer chez moy au lieu des Bonnets a Bert avecq mon ménage.

✤ Le 15 juin 1664 est passé en Bourbonnois le légat du pappe et c'est embarqué à Rouanne et descendu par eau assisté de six esvesques, huit cardinaux et deux archeveques et avait avecq luy huit ou neuf

(1) L'acte d'échange datait du 26 février 1661.

cents hommes tant a pied que a cheval et au paravant que d'aller à Paris a séjourné à Fontaine-
bleaud. Faict les dits jour et an.

✤ La dicte année 1664 Mr de Coulligny (1) a esté
commandé par le roy Louis 14e d'aller dans l'empire
pour donner secours a l'empereur contre le turc et
estoit général de l'armée de dix mille hommes avecq
Mr de St Geran.

✤ Le jour St Jehan 1664 la gresle a battu tout
entièrement la paroisse de Ber.... ou il n'est rien
demeuré et non pas peu (2) avoir du bled pour se-
mer.

✤ Nota que l'année 1664 au mois de juillet environ les quatre eure du soir on a veu en ce pais de
presque partout une commette fort grosse quy sortit
proche la lune et courent du costé de soleil levé
laquelle provoca un grand tonnerre quy fut ouy de
beaucoup de personnes quoy qu'il ny eust aucune
nué au ciel, le temps estant tout clar et serin ce quy
a fort estonné le peuple, mesme la dicte année il y
a eust grande maladie et perte du gros bestail ou il
c'est trouvé beaucoup de parroisse où il n'est presque
poin demeuré de bestail notáment des bœufs, faict
les jour an.

(1) Jean de Coligny.
(2) N'ont pas pu.

❧ Le jour S¹ Laurend 1664 le fils de monsieur Simon (1) le procureur d'office du Donjon a esté tué a la porte de son logis du coups de fusil et n'a jamais peu parler et mort sans confession.

❧ Le 20ᵉ octobre 1664 je suis allé demeuré en ma maison que j'avois faict batir au lieu des Bonnets avecq ma famille faict ledict jour et an.

❧ La dicte année le vin a valut le tonneau soixante livres la pinte s'est vendue cinq sols.

❧ Recepte por faire onguand por une couppure ou blessure et por le mal des jambes.
Fault prandre de la cire neufve, de la pa[ra]sine, de luylle dollif et de la terebentine de Venize qu'il fault achepter cheulx ung appotticaire et puis le faire fondre tout ensemble dans ung poyllon ou une petite tasse et en appres la laysser froidir et en faire emplas-tre et le mettre sur le mal.

❧ Recepte pour guerir de lomal autremen le mal caducq.
Fault faire culhir du guy de chene la veilhe de la nativité de monsieur S¹ Jehan baptiste avant soleyt levé et le fer benir par ung prestre puis fault que le prestre prengue trois feulhe dudit guy et cinq petite piesse de la branche couppe menue qu'il mettra dans

---

(1) Probablement, de la famille des Simon de Quirielle.

ung drappeaulx bien lyez puis prandra ledit drapeaulx
le tenant dans sa main avecq ce qui est plyé dedantz
scavoir les dittes trois feulhe et cinq piesse dudit guy
le tenant sur la teste du patien qui sera adgenoux
devant le prestre ayant l'estolle au col et en sortant
de l'ostel et tousiours tenant la main sur la teste du
patien ledit prestre dira l'imprincipis tout du long
avec la collectte, une petite messe de St Jehan et une
autre de saint Loup ayant tosiours la main sur la
teste du patien puis prendra ledit drapeaud avecq ce
qui est plyé dedantz et le pendra au col du pacient et
fault que le patient face sont vouyage a une esglise qui
soit fondée au nom de monsieur St Jehan et y faire
son offrande durant trois vandredys consécutifs et y
faire dire messe et benisre du vin por en boyre durant
neuf matin avecq de la poudre dudit bois avant des-
jeuner et faire sa neufviesme durant neuf matin dizant
chaque matin ung pater et sept ave maria et sy c'est
petitz enffantz le pere ou la mer le feron et diront ce
que requiz por heulx.

✤ Autre recepte pour le meme mal.

Fault prandre peronnie et le faire cuyre avecq vin
blan et puis prandre dudit vin cuyt avecq peronnie
de la poudre que scavez la pesanteur d'un escu et puis
en faire boyre part trois matin au pacien et fault au
paravant tout cella faire purger le patient et le fault
faire seigner devant que la luy donner de la veyne
du cerveaud en lune nouvelle et porter une racine

dudit peronnie sur soy et apres la prescription fault dire trois foie pater et avé maria.

✤ L'année 1664 au mois de décembre on a veu une estoille quy avoit une grande *ceud* fort longue et grosse quy se levoit environ les trois a quatre eures du matin et se voyait jusqu'au point du jour et avoit la ceud tourné du costé de soleil levé et a disparu quelques jours apres noel en la dite année faict lesdits jour et an aux Bonnets.

✤ Nota que ladite estoille a reprains son cours puis le sixiesme janvier 1665 avect une grande *ceud* quy levoit du costé de soleil couché et paroissoit puis les six eures du soir jusque a la minuit et estoit proche de la pichotiere qui a causé un grand estonnement aux puples faict aux Bonnets lesdits jour et an.

✤ Ladite année 1665 au mois de *jenvier* monsieur Fouquet a esté relégué a Pignerolle conduict part monsieur de Dartaignand et quatre compagnies des mousquetaires de sa majesté lequel Fouquet avoit esté intendant des finances de france.

✤ Le 15 febvrier 1665 jehanne goyard ma fille a espousé maistre françois Jolly maistre tanneur du Donjon et y est allé demeurer faict lesdits jour et an.

✤ Ladite année l'armée de france composée de

dix mille hommes et quatre mille vollonters a estée envoyée dans l'empire pour prester secours a l'empereur contre les turcs scelle conduicte part monsieur de Colligny et autres braves seigneurs ou estoit monsieur le compte de st geran.

❀ Nota que le 5 avril 1665 est déceddé messire françois chenal prestre curé de Béhé qui avoit servy la parroisse l'enpasse de vingt ans et a esté enterré le sixiesme dudict mois et an audevant du crucifix proche le banc de la Besche se fault souvenir que c'estoit le jour de pasque faict lesdits jours et an.

GOYARD.

❀ Le 7ᵉ avril 1665 messire Jehan *Louis* Bally aumonier de mᵣ l'evesque de clermon a prains possession de la cure dudit Ber faict les jour et an que estoit natif de la ville de Liége.

❀ Aujourd'huy dernier de juin 1665 marie goyard ma fille a esté mariée avecq maistre gilber Garreaud maistre chirurgien de la ville de Jalligny natif de saint pourcin sur allier lesdit mariage faict en l'esglise de Behé par mʳᵉ armand ledict prestre curé de Behé ou il y avoit... et se sont retirés de sean pour aller demeurer a Jalligny le 14 juillet audit an faict aux bonnets ledict jour.

GOYARD.

❀ Aujourdhuy 7ᵉ octobre 1665 messire Benoist

Boullé a prains possession de la cure de Behe laquelle luy a esté remise part messire Jehan Louis Bailly si devant curé de Behe faict les jour et an ledict curé estant d'auvergne et de courteser (?) en auvergne.

✤ L'année 1665 au mois de septembre les grands jours ont esté establis a clermon en auvergne et en son party pour retourner a paris le dernier *Janvier* 1666 ou ils ont mené beaucoup de prisonnier faict le 15 fevrier 1666 aux Bonnets.

GOYARD.

✤ Nota que le premier mars 1666 j'ay presté un chalit en bois de chesne a mr Boullé prestre curé de Behé qu'il avoit a la cure et Pierre Troussière un coffre en bois de chesne ayant clef et serrure. Retiré ledit chally et sceluy presté a Francois Bergier mon locataire chez le bally en l'année 1666.

✤ Le sixiesme juin 1666 monsieur le compte de sainct gerant a gagné son procés et a esté légitimé par arrest de la cour de paris contre monsieur le compte du Ludde (1) et madame la duchesse de ventadour ledict procés ayant duré environ deux ans faict lesdits jour et an aux Bonnets de Behé.

GOYARD.

---

(1) Le comte de Lude, qui avait épousé la fille de la marquise de Bouillé.

♣ Le 23ᵉ décembre 1666 maistre claude Josse (1) chastelin de chaveroche a prains possession des offices et judicatures qu'il avoit acheté de monsieur chambol de La Pallisse au lieu de Behé qui est la première ferme qu'il aye faict faict les jour et an aux Bonnets a Behé.

♣ Aujourd'huy 15ᵉ avril 1667 j'ay faict commencer de planter en vigne de sépin noir au lieu des Bonnets au dessus des batiments et proche mon grand pré de La seigne faict lesdits jour et an.

♣ L'année 1667 au mois de juin monsieur le compte de st geran a espousé madame de monterville (2) à Paris laquelle est de normandie.

♣ Nota que le jour st Roc 1667 est déceddé Janne Goyard ma sœur femme a mr francois Jolly (3) et a esté enterré dans l'église des cordeliers (4) proche la tombe de messieurs du Bouchaud et n'avoit demeuré en mariage avecq son mari que deux ans.

---

(1) Cette famille Josse, ancienne dans la châtellenie de Châvroche, que M. Aubert de la Faige dit originaire d'Issoudun *(Les Fiefs du Bourbonnais)*, s'allia aux Chartier, dont était la femme de Philibert Goyard. A partir de 1674, les Josse possédèrent la Bêche.

(2) Claude-Françoise-Madeleine de Varignies.

(3) Les Jolly, possesseurs, au xviiᵉ siècle, du vieux fief du Bouchaud, près du Donjon, en prirent le nom. Ils s'allièrent aux Vichy (de la Bêche).

(4) Du Donjon.

✤ Nota que le premier decembre 1667 j'ay mis François Goyard mon fils à Molins chez monsieur Vernois procureur a Molins moyennant la somme de cinquante escus par an et dix livres d'épingles faict les jour et an.

✤ Le vingt trois decembre 1667 est decedé Me François Chartier escuier de son altesse capitaine et baillif de Jalligny mon beau frère lequel est de- ceddé dans sa maison au Chartier et a esté enterré dans l'église de Sorbier ledit jour au devan du crusifict faict les jour et an.

G.

✤ Aujourd'huy septiesme fevrier mil six cent soixante huit Jehanne Goyard ma fille a esté mariée avec Ms Claude Fallix (1) fils de François de la ville de La Palisse. Ledict mariage faict et célébré a Ber part monsieur le curé de Lubié et monsieur le curé de Bert nommé Mre Benoist Boullet faict lesdits jour et an.

G.

✤ Aujourd'huy vingt neufesme juin 1668 est décédé maistre Anthoine Goyard le tanneur mon frère et a esté enterré a Ber dans nos tombes au milieu de l'esglise du costé de St Onin part Mes Be- noist Boullet prestre curé de Bert et est déceddé dans la maison de monsieur Chasseray.

(1) Ou Fallaix, nom que l'on trouve aux environs de La Palisse.

✠ Aujourd'huy dernier juin 1668 madame de Monterville la mere avecq madame la comtesse de S¹ Geran sa fille ont faict leur entrée a S¹ Geran et de la a la Palisse le 8ᵉ juillet ou on a faict grands réjouissances faict les dits jour et an.

✠ Nota que le saisiesme juin 1669 foire à la Pallisse la chapelle et le clocher du chateau sont bruslé par le moyen du feu quy estoit dans une cheminée de la cuisine et c'est faict un grand desordre pour empescher de brusler le chateau (1).

✠ Le 20ᵉ juin 1669 Mʳᵉ Benoist Boullet prestre curé de Ber a a porté un soleil pour porter le bon Dieu qui est d'argent qu'il a prains a Clermon qui a cousté quarante cinq livres. Lequel argent c'est trouvé du revenu de la fabricque rendu de compte part les heritiers de mon frère Mʳ Anthoine Goyard faict lesdits jour et an.

✠ Nota que le 27ᵉ aoust 1669 maistre Martin Char-

1) Le curé de Lubié-La Palisse, dont j'ai eu, déjà, l'occasion de citer les intéressantes notes, a laissé, dans son registre paroissial, une relation de cet incendie, qui complète le témoignage de Goyard : « Le lundy 14ᵉ jour de juin jour de foire à La Palisse, 1669 et environ midy, le clocher de l'esglise de S¹ Ligier de La Palisse est brulé ; et sans le secours d'une infinité de peuple qui estoit à la foire, le chasteau et toute la ville fust peut-être bruslée ; les cloches l'une cassée et l'autre en partie fondue, et cette incendie, a ce qu'on dict, [a] coustée bien deux mille livres. Nous a ons sorti le S¹ Sacrement en procession et je crois que par sa présence, tout le reste a été gardé. »

tier mon beau père est décéddé a Molins en sa maison
et a esté enterré dans l'église des Carmes auprès de
la porte du cœur de la chapelle de nostre dame au
couingt de l'autel du costé gauche et a donné de
fondation trois cents livres. Priez Dieu pour son
ame faict aux Bonnets le 8ᵉ septembre au dict an.

✤ L'année 1671 au mois de juin le roy de Pou-
lougne (1) est venu demeruer au chasteau de Molin
part ordre du roy de France quy luy donne part an
six cents mille livres pour son entretien a cause qu'il
avoit remis au roy de France le rauiaume de Poul-
lougne.

✤ Ladite année sy dessus et au mesme mois la
princesse d'Almagne (2) c'est retrouvé audit Molins
revenant des bains de Bourbon et de la est allé a
Paris pour voir le roy.

---

(1) Casimir V, fils de Sigismond III. Il avait été jésuite et
même cardinal. Mais, après son élection au trône de Pologne,
en 1649, il fut relevé de ses vœux, et épousa Marie-Louise
de Gonzague, veuve de son frère et prédécesseur, Vladislas VII.

Il est à peine besoin de relever l'erreur que commet l'excellent
Goyard, qui écrit, dans sa remarque, que ce roi de Pologne,
hôte des Moulinois, avait remis ses Etats au roi de France. Souverain élu, il ne disposait pas de son royaume. La vérité est que,
fatigué d'un règne qu'ensanglantèrent des guerres perpétuelles,
découragé, surtout, par sa désastreuse campagne contre les
Suédois de Charles-Gustave, il avait abdiqué en 1668, et s'était
retiré en France.

(2) *La princesse Palatine*, Charlotte-Elisabeth de Bavière, qui
avait épousé, précisément en cette même année 1671, Philippe
d'Orléans, frère de Louis XIV.

✚ La mesme année est venu audit lieu le chancelier d'Angleterre (2) qui avoit esté exillé et c'est rendu au roy de France quy luy a donné retraicte a Molins. Lequel estoit *huguenot* et avoit a sa suitte cinquante ou soixante hommes dordinaire et venoit a ses frais son frère avoit espousé la sœur du roy d'Angleterre.

✚ Le 13° de juillet 1671 est deceddé monsieur le duc d'Anjou à Verseil ce quy a aucasionné la retraicte du roy qui estoit allé en Flandre.

✚ L'année 1671 au mois de septembre le roy a donné a monsieur le compte de S¹ Geran le régimen de monsieur le duc d'Anjou ou ledit seigneur est lieutenant collonel dudit régiment faict lesdits jour et an.

✚ L'année 1671 au mois de novembre le roy a envoyé monsieur le compte de S¹ Geran en enbassade en Allemagne trouver monsieur le duc de Branguebour (1) pour le conduire en France.

✚ Aujourd'huy dixseptiesme novembre 1671

(1) Edward Hyde, comte de Clarendon, qui fut nommé lord chancelier en 1657, après la restauration de Charles II. Disgràcié et banni, en 1667, il se retira en France, et résida, en effet, à Molins. Son frère n'avait pas épousé la sœur du roi d'Angleterre, comme l'affirme Goyard à la fin de sa note, mais sa fille était devenue la femme du duc d'York, plus tard Jacques II.

(2) Frédéric-Guillaume, dit le grand Electeur de Brandebourg.

Francois Goyard mon fils a espousé Claudine Dorat
fille de M⁰ Anthoine (1) et de dame Magdeleine
Jacquet de la parroisse de Vosmas. Le mariage faict

(1) Cet Antoine Dorat exerçait, alors, la profession de chirurgien à Vaumas. Il avait été longtemps soldat. En tête de son
carnet professionnel, retrouvé dans les papiers des Goyard, il
a dressé la nomenclature curieuse de ses campagnes, introduction
héroïque à des recettes bizarres de remèdes et à ses notes de
visites médicales. Voici cette nomenclature : « Mon premier
voyage fut l'an 1610, en Picardie pour le service du roi Louis
XIII⁰ à la compagnie de monsieur du Maine. — Mon second
voyage fut au mariage du roy à Bayonne, à la compagnie de
M⁰ Douroué, au régiment Du Bour. — Mon troisième voyage
fut au siège et prise de la grosse tour de Bourges, à la compagnie de M. de La Roche Charry. — Mon 4⁰ voyage fut au
siège de Nevers et on fit maistre de camp monsieur le mareschal de Montigny. — Mon 5⁰ voyage fut gendarme à la
c⁰ de M⁰ le duc d'Albeuf au pont de Sé, à la fuite de la reire
en Angleterre. — Mon 6⁰ voyage fut au siège et prise de Sancerre par M⁰ le prince de Condé. — Mon 7⁰ voyage fut à Mar-
seille. Je monta sur un gallion de Malte ou je fut huit mois,
commandé par monsieur le chevalier des Gouttes. — Mon 8⁰
voyage fut en Aulande, 16 mois, avec M⁰ le chevalier des Gouttes
— Mon 9⁰ voyage fut au siège et prise de La Rochelle, 17 mois,
avec le S⁰ commandeur des Gouttes, lieutenant général de
l'armée navale du roy. — Mon 10⁰ voyage fut à la prise de la
baricade de la prise de Suse en Piemont. Je fus trois mois en
garnison à Suse et Turin. — Mon 11⁰ voyage fut à Rome, Naple,
Sicile et Malthe. — Mon 12⁰ voyage fut en Bretagne à Brest,
onze mois. — Mon 13⁰ voyage fut à Compiègne à l'arrêt de
la reine. Elle se sauva au castel, de là à Bruxelle. — Mon 14⁰
voyage fut encore en Bretagne, neuf mois, toujours avec M⁰ le
commandeur des Gouttes. Le tout pour le service eu roi. — Mon
15⁰ voyage fut encore en Piemont et Gênes, vers M⁰ Sabran, agent
pour le roi. — Mon 16⁰ voyage fut à Châlon en Champagne
et proche de Metz en Lorraine : ou de là je m'en vint en Bourbonnois me marier à une fille de Marcigny les Nonnias, Made-
leine Jacquet, de bonne et ancienne maison. »

aux Bonnets a Ber et ont esté espousé dans l'église dudit Bert part messire Benoist Boullé prestre curé dudit lieu ledict jour et an.

GOYARD

✤ Nota que le 28 may 1672 mon fils est allé demeurer avecq sa famille a Marseigne en callité de fermier du dict lieu faict ledict jour et an.

✤ L'année 1672 le roy Louis 14ᵉ est allé faire la guerre en Ollande avec une armée de cent cinquante mille hommes.

✤ L'année 1672 au mois de mars j'ay faict faire le ballustre du cœur de l'esglise de Ber tant de pierre que de bois et encore la chaire a un menuisier de Tonnerre en Champagne et ma cousté le tout 18 livres sans la norriture faict lesdicts jour et an part moy saubsigné.

GOYARD

Le journal de Philibert Goyard est clos par cette édifiante donation à son église de Bert, où il fut « ensepulturé » le lendemain de sa mort, survenue le 12 septembre de cette même année, 1672.

LES

DERNIERS RAISONNEURS DE LA DYNASTIE

François Goyard.

Philibert mort, son fils, François, continua le journal de la maison. En tête d'un petit cahier, ajouté au carnet de ses prédécesseurs, il a écrit, d'une écriture correcte et appliquée : « Mesmoires et Remarques faittes par moy, François Goyard fils de M⁰ Phelibert Goyard mon pere iceluy fils de M⁰ Blaize Goyard mon grand pere suivant leurs imitations estant à Marseigne fermier en l'année 1673. »

Il ne les imita pas, cependant, aussi fidèlement qu'il le prétend. Ses inscriptions, en effet, ne concernent que *l'état civil* de sa famille ; et, après lui, ses descendants se conformèrent à sa méthode.

Quoi qu'il en soit, ces notes qui établissent la filiation des Goyard jusqu'à 1780, environ, et présentent certaines particularités originales, ne sont pas négligeables. Mais il sera, sans doute, suffisant d'en donner le résumé analytique.

En ce qui concerne François, époux de Claudine Dorat, je dirai, brièvement, qu'il habita peu les Bonnets, étant fermier à Marseigne et procureur d'office de Châtelperron. Sa femme, qui mourut en 1677, après six ans de mariage, lui laissa deux fils, Joseph et François. Lui-même passa, prématurément, de vie à trépas, en 1694, âgé seulement de 45 ans. Il s'éteignit à Moulins, au logis de ses belle-sœurs « les D^{lles} Dorat ».

Joseph Goyard.

Joseph, fils et continuateur de François, abandonna l'agriculture pour le négoce, et se fixa à Moulins, où il vécut, d'abord, chez ses tantes Dorat, et où, en 1698, âgé de 25 ans, il se maria en l'église paroissiale de Saint-Pierre-des-Ménestraux, avec Catherine de Bard.

Cette Catherine était fille de Louise Godin et de M⁰ Pierre de Bard, « maistre coustelier de la mesme ville de Moulins, demeurant sur le petit Ris, à l'enseigne de L. R. couronné... » Onze ans plus tard, Joseph Goyard mourut, laissant deux enfants mineurs, Louis et Jacques. Ce triste événement survint en 1710, le 14 mars, pour être tout à fait précis.

Ici se place un incident piquant. Neuf mois juste, après le trépas de son époux, la veuve, vite consolée, convole en seconde noce, avec un certain Claude Gayot, marchand à Moulins.

Un bien brave homme, ce Claude Gayot, et ami fidèle, et défenseur convaincu de la bonne tradition. Si l'ex-madame Joseph Goyard manifeste une fâcheuse disposition à oublier son premier mari, lui, Gayot, est là, pour veiller sur une mémoire dont il a le culte.

Il la vénère, cette mémoire. Il maudit, sincèrement, l'inexorable fatalité qui a enlevé, trop tôt, ce pauvre Joseph à son affection. Aussi, ne pouvant faire mieux, il perpétuera ses habitudes ; et, pour commencer, il n'hésite pas à suppléer le cher défunt, dans la tenue de son livre de famille.

Il ouvre donc le vieux livre et, méthodique, y inscrit, d'abord, la date de la mort de son prédécesseur, à la page où ce dernier, quelques mois avant, avait tracé sa dernière note. Puis, de suite après, sans inutile préambule, l'excellent Gayot enregistre son mariage, avec la veuve de son ami et protégé.

Il s'occupa, par la suite, avec une louable sollicitude, des deux fils laissés par Joseph Goyard, dont l'aîné, *Jacques*, né le 15 septembre 1706, ne négligea pas, devenu homme, le registre familial.

Jacques Goyard.

Mais il s'y manifeste avec un « état d'âme » moins modeste que celui de ses prédécesseurs. Il est visiblement fier de la liste, authentiquement établie et déjà longue, de ses ascendants. Son premier soin est de la mettre, en évidence, dans un tableau qu'il intitule, complaisamment : « Généalogie de moi Jacques Goyard ».

Notre généalogiste nous apprend qu'il avait épousé, en 1734, dans l'église de Saint-Pierre des Ménestraux, à Moulins, Marguerite Lomet (1), fille de

---

(1) Jacques Goyard a inscrit, sur son carnet, la filiation des ascendants de sa femme, depuis 1628; en voici le résumé : 1° Louis Lomet, marié en 1628, à Marguerite Chapelle, veuve du sieur Gilbert Bernachon (contrat du 22 novembre, par Vigier, notaire à Moulins). 2° Noble Louis Lomet, avocat en Parlement, fils dud. Louis 1er, qui épousa, en 1655, Suzanne Aladane, fille de Dᵉ Marie Bourtille, et de Claude Aladane, juge certificateur au bailliage de Saint-Pierre-le-Moûtier ; 3° Noble François Lomet, avocat au Parlement, fils de Louis II, marié le 31 décem-

Marguerite Deruisseau et de feu François Lomet,
avocat au Parlement. (Contrat du 17 octobre, par
Berroyer, notaire à Moulins). Jacques Goyard était
« conseiller du Roy, grenetier au grenier à sel de
Moulins ». Il mourut le 11 novembre 1767, ayant
eu cinq enfants, parmi lesquels *Jean-Joseph* qui fut
le dernier journaliste et le personnage marquant de
sa maison.

Jean-Joseph Goyard.

Ce Jean-Joseph a dressé l'inventaire des inscriptions familiales de ses ascendants paternels et mater-
nels. Il a rédigé cette récapitulation dans un nouveau
registre cartonné et recouvert de parchemin, du format des cahiers d'écolier. Ses annotations couvrent
25 feuillets et s'arrêtent à l'année 1772. Mais cette
rédaction définitive était faite d'après des pages

bre 1696, à Marguerite Deruisseau, fille de Gilbert Deruisseau
et de Anne Berroyer contrat du 21 décembre, par Croisier,
notaire à Moulins). Trois enfants naquirent de ce mariage, parmi
lesquels, Marguerite, femme de Jacques Goyard.

volantes de « brouillons », dont certaines sont restées interfoliées, et permettent de suivre l'excellent scribe jusqu'aux environs de 1780.

En parcourant ce registre, où les notes, précédées, chacune, d'un numéro d'ordre, sont écrites, avec application, d'une écriture de greffier, nette et incolore, on devine l'homme consciencieux et ordonné que fut, sûrement, M. Jean-Joseph Goyard.

Il apparait bien tel, dans cette brève autobiographie, qu'il s'est consacrée à lui-même, à la date de 1767, dans un second cahier où il a condensé, en une sorte de répertoire généalogique, les extraits d'état-civil de son registre.

« Moi Jean-Joseph Goyard, second fils de Jacques et de Marguerite Lomet, suis né le 19 avril 1733 à 11 heures du soir et ai été baptisé le lendemain, dans l'Eglise de Saint-Pierre. A 10 ans je suis entré au collège où j'ai fait mes études sous les RR. PP. Jésuites qui y enseignoient pour lors. J'en suis sorti a 17 ans, au mois de décembre 1758. Je suis parti pour Paris où j'ai demeuré 3 ans a étudier le droit dans l'université de cette ville. J'ai été admis au serment d'avocat au Parlement. Je suis revenu a demeure à Moulins en août 1761. J'ai été aggrégé au collège des avocats de cette ville. Le 26 septembre 1763, j'ai épousé dans l'Eglise paroissiale de Chemilli, D^lle Anne Lomet (1) ma cousine germaine, après

_____

(1) Elle était fille d'Antoine Lomet, doyen du collège des

avoir préalablement obtenu les dispenses de lien
et de parenté. Jusqu'à présent nous avons eu deux
enfants, l'un nommée Marguerite, née le 9 août 1761
et morte le 16 octobre 1766 ; et la seconde est née le
25 juillet 1767, sur les deux heures 45 minutes du
soir. Elle a été baptisée le lendemain dans l'Eglise
Saint-Pierre de cette ville, et elle est actuellement
en nourrice dans le faubourg de Bourgogne — et
nommée Agnès-Marie-Anne-Cécile. »

Avant d'être au faubourg de Bourgogne, la petite
Anne-Cécile avait fait une première expérience de
nourrice, qui faillit lui être fatale, et que M. Goyard
a relatée d'une plume émue : « Le 26 juillet 1767,
la nourrice que nous avions choisie pour nourrir...
notre fille, emportant cet enfant au pont de Soupaise
où elle demeurait, s'étant prise de vin avant son
départ, laissa tomber cet enfant du haut de son cheval
sur le pavé, à la descente du pont, du côté de Bres-
solles, à 10 heures du soir. Par un miracle des plus
évidents, elle ne s'est faite aucun mal. Pour remercier
Dieu et la Vierge d'une protection aussi marquée nous
avons fait dire une messe en action de grâce, ce que
nous nous proposons, sa mère et moi, de réitérer tous
les ans, à pareil jour. »

---

avocats au Parlement près la sénéchaussée et siège présidial de
Moulins, et d'Agnès Landoy. Sa sœur jumelle, *Agnès Lomel*,
épousa, en 1765 « *Gabriel Deschamps*, écuyer officier dans le
régiment provincial de cette ville de Moulins, originaire et domi-
cilié de la paroisse de Vernay près Montluçon ». (Note de Jean-
Joseph Goyard.)

Ce père plein de piété fut aussi un excellent fils. Enregistrant la mort de son digne auteur, Jacques Goyard, il se rappela, fort à propos, la parole de Louis XIV, après la mort de Marie-Thérèse (1), et écrivit, royalement : « Le chagrin de le perdre est le premier qu'il ait donné à sa femme et à ses enfants, dont il a toujours été tendrement aimé. »

Jean-Joseph Goyard eut, trop souvent, la douloureuse occasion d'écrire ces touchantes notes nécrologiques. La mort, véritablement, s'acharna autour de lui. En 1771, sa femme, Anne Lomet, lui fut prématurément enlevée, à l'âge de 36 ans et après moins de 8 ans de mariage. « Je crois devoir dire » écrit-il, alors, « à l'honneur de sa mémoire qu'elle réunissait toutes les vertus qu'on peut désirer en une femme et qui peuvent la faire regretter. Notre amour était mutuel, notre union était heureuse et ne pouvait être rompue que comme elle l'a été. »

Enfin, pour comble de malheur, au mois de mars 1772, le pauvre homme perdit son fils unique, François, âgé, seulement, de dix mois.

Jean-Joseph Goyard dut trouver un dérivatif à ses deuils domestiques, dans les événements de la Révolution.

Conseiller du roi, grenetier au grenier à sel de Moulins, charge que son père avait eue avant lui, très

(1) On connaît cette parole du roi, rapportée par Mme de Caylus : « Voilà, s'écria-t-il, le premier chagrin qu'elle m'ait donné ! »

considéré dans sa bonne ville, où il jouissait, avec ses parents et alliés, les Lomet, d'un réel crédit, il fut élu député du Bourbonnais aux Etats généraux de 1789. Sous la Législative, il devint procureur géné- ral syndic du département de l'Allier, et s'acquitta à son honneur de cette magistrature, jusqu'au jour où, le mouvement révolutionnaire s'accentuant, il fut révoqué par Fouché (1).

Son portrait, dessiné par Perrin et gravé par Courbe, fait partie de la collection des députés à l'Assemblée nationale, éditée par Dejabin.

C'est le portrait d'un homme sympathique, à la physionomie ouverte, intelligente et pleine de bonho- mie.

Le dernier des Goyard résume fort bien, dans les traits de son visage, les traits caractéristiques des écrits de ses ancêtres et de lui-même.

(1) Voyez *Le Bourbonnais sous la Révolution française*, par J. Cornillon. (Vichy, imp. C. Bougarel, et Riom, E. Girerd, impr. 1888-1895, 5 vol. in-8°), T. 1er, p. 191.